高等教育与区域：
立足本地 制胜全球

经济合作与发展组织　编
清华大学教育研究院　译

Higher Education and Regions：
Globally Competitive, Locally Engaged

教育科学出版社
·北京·

经济合作与发展组织

经济合作与发展组织（OECD）是一个独特组织，有 30 个国家在其中合作以共同应对全球化带来的经济、社会和环境的挑战。OECD 同时战斗在第一线，努力理解和帮助政府对新发展和新关注作出反应，包括共同治理、信息经济以及人口老龄化的挑战。OECD 提供了这样一种机制：各国政府可以相互比较政策实践，寻求共同问题的解决方案，甄别出良好的措施，并且协调国内、国际政策。

OECD 的成员国包括：澳大利亚、奥地利、比利时、加拿大、捷克、丹麦、芬兰、法国、德国、希腊、匈牙利、冰岛、爱尔兰、意大利、日本、韩国、卢森堡、墨西哥、荷兰、新西兰、挪威、波兰、葡萄牙、斯洛伐克、西班牙、瑞典、瑞士、土耳其、英国和美国。欧洲共同体委员会也参与 OECD 的工作。

OECD 出版社广泛发布本组织在经济、社会和环境事务方面所获取和研究取得的统计数据，以及各成员国准许公布的协议、纲领和准则。

本书由 OECD 秘书长负责发行。其中表达的论点和选用的论据并不一定反映本组织或者成员国政府的官方观点。

前　言

高等教育扩张了几十年后，OECD 国家的政策转而开始关注高等教育的产出，即它的质量、适切性及其影响力。因此，人们对高等教育是怎样为区域发展作出贡献开始感兴趣了。近年来，在 OECD 国家中产生了很多新的动议，其目的都在于推动高等教育为区域经济、社会和文化发展提供支持。这一背景下关键的问题包括：高等教育的区域合作到底涵盖哪些内容？它有哪些动力和障碍？这一举措对于高校、区域以及国家的治理来说意味着什么？区域合作是如何与追求世界一流的学术成就相契合的？

OECD 高校管理计划（IMHE）在 1999 年题为"高校对地区需求的反应"的报告中提及了上述问题的一部分。OECD 教育研究与革新中心（CERI）在 2001 年的报告《新学习型经济中的城市和地区》中延续了这一工作，其关注的是地区在推动学习、创新、生产力和经济表现中所扮演的角色。

本报告的注意力集中在区域层面，同时关注的还有高等教育能够为全球化知识经济中区域发展作出的贡献。本报告吸取了此前报告的部分内容，OECD 区域评估，以及需要着重指出的大型专题评估项目——"支持高校对区域发展的贡献"。这一评估项目是由 IMHE 与 OECD 公共治理和区域发展理事会（GOV）共同管理的，它旨在对如下问题作出解答：在 12个国家的 14 个地区，高校与地区合作的具体情况是怎样的。

该评估收集了关于高校、区域和国家的战略、政策以及行动的信息，并基于此类信息来理解高校区域合作的逻辑、发展舞台以及动力和障碍。在此过程中它提出了涉及各个领域的一系列问题。在国家与区域高等教育政策背景下，高校及其地区合作者要接受如下几点严格评估，在为所在地区发展作出贡献方面，它们采取举措的效果如何？它们的研究是如何对区域创新提供帮助的？在人力资本开发中，教与学扮演了怎样的角色？它们是如何对社会文化和环境发展作出贡献的？在建设本地区参与竞争日益激烈的全球经济的能力上，高校又扮演了何种角色？

设计这一评估的初衷不仅是更加综合地阐述好的实践、政策指导以及国际趋势，而且还要支持地区内的合作建设。因此，研究的参与者不仅有高校，还有它们所在的地区，包括国家和区域层面负责区域和高等教育发展的地方当局。其中包括欧洲的 9 个地区，拉丁美洲和亚太各 1 个地区，北美的 1 个地区。这些地区覆盖了从农村到都市，从边缘到中心的广大范围。高校不但包括了研究型教育机构，也包括了职业和专科学校。在国家层面上，本评估将同时包括分权型体制和高度中央集权的体制。

尽管对于这些地区的评估并没有提供放之四海皆准的解决方案，它确实指出了一些重要的普遍性议题，需要高校及其在当地和本地区的利益相关者以及国家政府对此给予关注。这一评估为我们在高等教育和区域政策方面的工作提供了一个重要的视角，而它提出的问题将在接下来的工作中予以阐述。

这一项目的领导和负责单位是一个督导组，包括三个合作伙伴：IMHE（OECD 教育理事会的一部分）、GOV 以及英格兰高等教育基金管理委员会（HEFCE）。HEFCE 和 CYD 基金（西班牙）共同资助了这一项目。感谢韩国教育和人力资源开发部将 Kiyong Byun 借调给我们来管理这一项目的第一阶段；感谢土尔库市给予第二阶段与最终阶段的项目经理 Jaana Puukka 的支持。这一项目的学术带头人是 John Goddard（纽卡斯尔泰恩大学），他与 Jaana Puukka（OECD/IMHE）、Chris Duke（RMIT）、Patrick Dubarle（OECD/GOV）以及 Paul Benneworth（纽卡斯尔泰恩大学）参与了本书的撰写。本书的出版由 OECD 秘书长负责。

Barbara Ischinger
教育理事

Odile Sallard
公共治理和区域发展理事会理事

致　谢

　　这一研究离不开各个地区、各所参与研究的高校以及地区有关方面的大力帮助。在被研究的 14 个地区和其他有关地区，数十所学校和不计其数的个人参与了这一评估项目。我们非常感谢各地区合作伙伴以及专为本项目成立的地区督导小组和委员会的主席以及成员们。他们中的一些人通过同行评议继续为我们提供着建议。

　　同时，我们感谢访问了 14 个地区的同行评议队伍的成员，以及项目特遣组和督导组的成员。专家们对这一研究投入了巨大精力，他们参与了分析，并且在不同场合提出了意见和观点。在此向他们作出的不可估量的贡献表示感谢。

　　我们感谢英格兰高等教育基金管理委员会（HEFCE）以及 CYD 基金为这一项目提供的支持。感谢韩国教育与人力资源开发部以及土尔库市和土尔库应用科学大学向我们借调了项目经理。

　　最后，我们感谢许多 OECD 成员，感谢他们为我们提供的帮助和支持以及为这一研究所作出的贡献。

目　录

概　要

为了在全球化知识经济中具备竞争力，经合组织国家需要在国家和地区层面向它们的创新体系投资。随着各国将它们的生产逐渐向高附加值和知识型产品与服务转移，对于获取新的技术、知识和技能的依赖更大了。此外，伴随着全球化和本地化进程，地方对知识和技能的可获得性正变得越发重要。经合组织国家因此非常强调达到地区发展目标，其手段是为每一个地区培养独特的优势和环境，特别是在发展知识产业方面。作为知识和创新的关键来源，高校（HEIs）在这一进程中处于核心地位。

过去，无论公共政策还是高校本身，在战略上都不会关注它们为本地区发展作出的贡献。老牌、传统的高校通常特别倾向于强调为国家目标服务或是追求知识，而对周围环境却不怎么关注。这一点正在改变。为了能够扮演好地区角色，高校必须在教育和研究之外做更

1

多的事情，它们必须同所在地区的其他教育机构合作，提供终身学习的机会并且为知识型工作的发展作出贡献，而这能使得毕业生在本地找到工作并且留下来。这对各教育机构各方面都有影响——教学、研究、社区服务以及为它们所处的政策和规章制度环境提供的服务。

高校怎样才能应对这一挑战？本书探究了能够帮助它们的政策举措和体制改革。本书从多种视角考量了高等教育的区域合作，显而易见的几种包括：通过研究和技术转移来进行"知识创造"；通过教育和人力资源开发以及文化开发与社区开发来进行"知识转移"，这能够创造一种促使创新蓬勃发展的环境。这一研究采纳了一份关于 12 个国家 14 个地区的评估以及经合组织区域评估，后者将本研究的视野拓展到了更加广阔的经合组织地区。这一评估项目的实施是针对一些动议的回应，旨在调动高等教育来支持地区经济、社会和文化发展。研究目标是将这一经验进行综合以为高校和区域及国家政府提供指导。本项目旨在帮助高校和地区有关方面在合作上加强能力建设。

对地区的更大关注

在过去的 150 年里，高等教育服务地区经济需求的例子可以在各个国家找到。然而，这些联系只是零星而非系统性地出现。近些年来，伴随着高等教育的扩张，这一状况有了巨大的变化，特别是非大学机构，在某些案例里它们自觉地将处理地区不均衡和扩大入学机会作为自己的目标。另一个推动区域发展背景变化的重要因素是增长方式向更加内生的模式转变，它强调的是对本地区技能、企业精神和创新的培养。人们正越发努力地消除研究实用化的阻碍，而这促使高校进一步加入到创新中来。政策反应最初聚焦于通过技术转移和高校与私有产业的互动来加强技术创新的能力，现在则扩展到包括公共服务、社会和组织创新以及将高校与其所在的更广的社会结构相联系。

区域和高校正在共同利益的基础上建立合作伙伴关系，主要在经济领域。从推动城市和地区发展机构的角度来看，高校已经成为了关键性资源。它们能为地区发展提供的最明显的帮助是为本地知识产业和人力资本储备积蓄竞争优势，但除此之外还有帮助创造新的行业、提高税收收入以及为当地文化类项目提供内容和观众。从高校的角度来看，参与地区事务有着广泛的好处。本地区能为教育机构带来大量各种形式的业务，包括入学学生和研究经费、咨询业务以及培训。与此同时，一个欣欣向荣的地区能创造出让高等教育同样兴盛的环境，可以帮助教育机构吸引并留住教职人员与学生。

障　碍

在经合组织研究涉及的地区，高校和公立以及私营产业之间正在建立合作伙伴关系，旨在推动高等教育为地区发展提供支持。尽管地区合作的实际分布是零散的，但它正在大多数地区的大量高校中间获得认可。大多数情况下，合作伙伴关系仍旧处于早期阶段，并且往往是自下而上的，来自中央政府的支持是有限的，其特点是由关键人物领导下的大量小型的短期项目。在经合组织国家中，高等教育参与地区发展的环境仍旧是非常多变的。

公共政策导向、不充足的资金与激励、有限的高校领导以及地方和地区机构与高等教育进行合作的有限的能力等条件制约着更加积极的合作。高校的地区合作战略取决于它们为自己选择的角色以及采用的领导形式。高校的治理、领导与管理可能会限制积极的联合。另外，在传统的学术价值中缺少与当地社区合作的价值。高校的机构体制为服务地区的积极性所提供的资源和激励是有限的。

国家高等教育体系可能会执行一些规章而导致高校参与区域合作的能力被削弱。高等教育体系的行政制度没有为教育机构自治和灵活性留下多少空间。许多国家的高等教育政策并没有涉及一个明确的区域维度。各国的教育部需要在各个政策优先项目之间维持平衡，因而它们对高校的地区合作所表现出来的兴趣有限。应用性研究和开发以及满足当地劳动力市场的技能需求等任务被留给了那些研究传统和基础设施都很欠缺的教育机构。即使高校与商业和社区的合作得到了认可，并且被国家政府视为其"义务"，但它仍旧是"第三项任务"，并没有明确地与研究和教学这些核心功能相联系。

资助和激励体制为地区合作提供的支持通常是有限的。高校面临着竞争、新任务以及中央当局削减开支的压力。这样的背景不一定会促使高校加强其地区角色。研究经费在地理分布上通常是平均的，或旨在覆盖绝大多数。高校可以多样化它们的资金来源并且向私立的外部基金寻求帮助，但仍旧面临着法律上的限制。在分配研究预算时极度强调卓越性可能导致资源向发达地区集中，而这在国际范围内高等教育领域竞争日益激烈的背景下往往被认为是有必要的。对教学的资助大都没有导向在贫困地区储备人力资本的项目，而高等教育在帮助社区发展方面的角色则没有得到系统性的资助。区域合作大都没有得到大规模资金的支持或是对产出的监控。相关的衡量标准不是没有得到好的开发，就是属于追溯性质，或者没有考虑到那些可能在未来为公共利益带来收入以及服务的发展性工作。

地区机制和治理形式在很多情况下没有与促进高校的地区参与日程相适应。地方和地区政府所覆盖的地理区域局限于服务固定的选民人群，而高等教育的影响范围应当更加灵活。地方政府并不总有职责允许高校在经济发展中自由参与合作。高校和企业往往在它们的合作关系中有着明显的分歧：学术界可能对于普通的问题不感兴趣，并且（或者）无法按时在预算范围内给出解决方案；与此同时，企业则并没有足够的信息在高校中找到合适的专家。而对发表研究结果的限制也可能成为制约因素。

克服障碍

克服障碍以推动以区域为焦点的创新

尽管存在限制因素，随着政府加强了高校与企业及区域经济的联系，高校有了更多的新任务。这些政策有着共同的目标：将每一所高校都转化成为发展的引擎。这些努力大多是间接的，举例来说，给予高校更大的自主权，改善高校与私人企业进行合作的制度环境和激励手段。两个主要途径是：加强高等教育在地区创新体系中扮演的角色，以及加强高校对集群型创新行动的参与。有一些临时性的激励措施被开发出来，主要形式有拨款、召集课题和合作项目。政策往往把对高级技术的应用和发展置于优先地位，而支持社会创业和满足农村地区以及内陆城市被忽视人群的更广泛需求的创新机制却是有限的。此外，对占 OECD 成员国总劳动人口 70% 的服务业也缺少重视。

来自不同国家的案例研究展示了如何将地区层面整合到对高校内科研基地的公共投资之中。以法国、芬兰、日本、墨西哥和英国为例，各国政府正逐步建立地区创新中心并为其提供支持。奥瑞松德边境地区和加拿大大西洋省区的例子表明了高校如何在合作中改进并使它们为地方和地区所提供的服务更加多样化。中小企业（SMEs）与大型高校合作或参与大学内部组织的研究课题往往并不容易。创造接入点能够让这一进程更加顺利。案例研究中描述了英格兰东北部是如何通过"知识议会"（Knowledge House）——一个为五所大学提供共同接入点的机构——实现的；此外还有在全美拥有 13 个地区办公室的佐治亚理工大学。高校同样有潜力扮演这样的角色：将国际企业引入地方环境从而吸引对内投资。无论是西班牙瓦伦西亚的哈乌梅一世大学帮助当地传统中小企业的瓷砖产业达到全球领先，还是英国的桑德兰大学加入联盟以帮助日产的新汽车厂成为全欧洲最高产的一家，都说明了高等教育正开始意识到它们所能扮演的关键性角色。

克服障碍开发区域人力资本

高等教育可以为地区人力资本开发作出贡献，主要通过在当地教育广泛的人群，确保他们在离开学校时能够找到工作，帮助当地雇主对新的技能要求作出反应，提供持续的职业发展以确保雇员继续学习，以及帮助吸引外来的人才。拓宽高等教育的入学机会是国家和地区共同的任务，但是在存在巨大地区差异的国家，这一问题在地区层面特别重要。某些国家，如澳大利亚，在有关教育公平的一些动议中已经特别引入了地区的介入。面对着 OECD 国家中 1/3 的适龄劳动人口只具备低级的技能水平这一事实，提升技能和终身学习是一个极大的挑战。在芬兰，拉普兰省立大学（Provincial University of Lapland）集中了四所高校的专家，从而在与地区有关方面的合作中覆盖到了边远的社区。

高校也能改善劳动力市场上供求的平衡，但这需要劳动力市场的信息反馈以及持续地同当地企业界、社区和地方当局的联系。业本学习项目，如釜山东西大学的家庭企业系统，代表着个体化的知识转移，而这往往会创造大量就业岗位，并且推动中小企业和高校间的联系。丹麦的奥尔堡大学以及许多新的高校将它们的课程建设围绕着基于问题的学习展开，而这一点保障了同社会和私人企业的高度合作。高校同样越来越多地开设企业家项目。将大量毫无联系的部门整合成为一个独立的运行良好的人力资本体系，并在地区内建设起来，这需要相当程度的协作和指导，尤其是在教育的几个不同层次之间。高校间的合作能够带来大量的优势，包括在与其他地区竞争时的决定性优势，各类院校入学途径的改善，以及通过分享良好实践经验来学习。

克服障碍以推动地区社会、文化和环境发展

地区发展不仅仅是促进商业繁荣，广义的发展不但为经济服务，同时自身也有目标。高校很早就将社区服务视为自己的角色之一，然而这一功能却往往得不到发展。只有极少数 OECD 国家通过立法和激励体制来鼓励这一类的活动。墨西哥对高校学生提出了强制性社会服务的要求，这一形式为试图引导高等教育为社会目标服务的国家提供了一个有趣的例子。

许多高校与健康领域有着很深的关系，而这一点可以为社区所用——比如英格兰东北地区的大学同战略卫生局共同处理地区内公共卫生问题。高等教育可以承担分析与处理贫困地区社会需求的职责。以芬兰中部于韦斯屈莱应用科学大学为例，它正和地区有关方面合作推动社会革新，以帮助长期失业者找到工作。在文化领域，文化对生活质量作出的贡献、吸引创造性人才和促进创造性产业的增长都是地区发展的一部分。高等教育可以在所在地区国际化进程中扮演主要角色，将它们变得更加多样化和文化多元化，但是往往没有在国际联系上作出足够的努力。高姿态的动议有助于将本地的各种努力整合起来，比如，在欧洲，建设欧洲文化首都的提议推动了这一进程。高校也可以在环境发展中扮演重要角色，比如召集专家以及示范好的实践经验。

加强合作能力

地区合作在很大程度上依赖于机构领导力和高校的企业家精神。因此它需要有高级管理团队来完成将地区事务融入主流，以及将教育机构的能力从完成单个的良好实践案例放大到有能力发展良好的体系，有能力提供地区有关方面所期望的组织反馈、现代管理和行政体系（信息与通信系统支持下的人力资源管理体系和财务管理体系），以及联结教学、研究和第三项任务并且横跨学科边界的横向机制以加强地区合作（例如，地区发展办公室和独立的对高等教育专家的介入点，就像英格兰东北部的知识议会）。还要有足够的激励体制，举例来说，在雇用和奖励体系中把参与地区合作纳入考虑因素，就像澳大利亚阳光海岸大学做的那样。此外，需要确保设立一些单位以将高校同地区相联系，比如科学园区、继续教育中心、知识转移中心，同时确保这些单位不会成为进入学术核心地带的障碍或是制造分裂的借口。最后，我们需要认识到地区合作能够加强教学和研究这些核心使命，而且地区能够被视为研究项目的实验室、学生积累工作经验的地方以及加强教育机构全球竞争力的资金来源。

高校在和地区有关方面的合作中扮演着重要角色。许多 OECD 国家通过要求高校在管理层加入地区代表以及鼓励高校参与区域治理的方式加强了这一角色。有些国家，如英国和芬兰，同时也鼓励地区内高校之间建立更紧密的联系（联合培养学位，共同承担项目，申请研究项目，制定发展战略，建立地区高等教育协会，开展产业合作的一站式服务）。联结高校的合作机制得到了发展，如奥瑞松德地区，14 所大学组成的松散联盟不但集中了研究力量和教学力量，而且还帮助在教育、劳动力和行政体系方面存在差异的两个国家间建立起了必要的合作。如果有必要的资金保障，并且将高校的角色从地区战略的准备阶段延伸到执行阶段，那么高校就能够进一步地投入到地区事务中。关键的一步是创造一个地区层面上良好运行的合作机构，其中包括私人企业在内的地区性关键机构，此外它还需要对地区发展有着长远的全面的认识，并非仅仅关注经济发展，而是同时关注社会、文化和环境发展。

高校能在将大量国家政策在地区层面上进行整合的过程中扮演关键角色。这些政策包括科学和技术、产业、教育和技能、卫生、文化和体育、环境可持续发展以及社会包容。那些希望动员高等教育体系的全部或是部分来支持地区发展的 OECD 国家需要确保高等教育政策中在涉及教学、研究和第三项任务之外还包括明确的地区参与方面的内容。各国还应当创造一种有益的体制环境，比如加强教育机构自主性以支持更加具有企业家精神的高校与企业的合作，以及建立支持性的激励体制，包括长期的核心资助和额外的战略性资助计划。寻找合适的指标和基准体系仍然是许多国家的软肋。就算衡量困难并且存在争议，须知没有良好的评价程序就没有合作政策的进步。

最后一章为国家、区域政府和高校的未来发展提出了一些有针对性的政策建议。

第一章

导　言

本章简要说明了高等教育区域合作的多种维度，并对它进行了定义；介绍了经合组织围绕高校区域合作进行的一系列深入研究；解释了这些自我评估和外部专家评估的研究目标和方法。本章强调了经合组织研究的发展性视角，以及在案例研究地区建立合作伙伴关系这一目标。

引　言

区域经济依赖许多因素的相互作用。显著的因素包括自然资源基础、实体基础设施、环境、已有和新兴的商业以及人口的技能基础。然而，地区的传统和历史、区域发展的明确的政策框架、教育的有效性以及终身学习的机会等其他因素，在加强区域竞争力和经济成就方面都是关键性因素。

除了一些著名的特例，高校尤其是研究型

大学，传统上都倾向于成为独立的实体。它们关注对国家和/或全球经济有影响的基础知识的创新和发展，却较少重视地方和区域的需求。但是，最近这种倾向已经改变了。在制定区域政策框架、动机和/或是基本设施建设来达成区域发展目标等方面，各国政府和诸如欧盟一类的国家间组织的积极参与影响了高等教育领域。无论是国际、国家还是区域层面，高等教育能够在经济发展中起到重要作用这一认识，目前已经成为大部分经济发展政策的基本支撑。认为国家/国际和区域/本地这两个视角能够相辅相成、相互促进的观点正在得到认可。这主要是两者的平衡问题，而不是一方替代另一方的问题。

对区域经济的影响

高等教育对本地和区域经济的贡献相当大。高校是产品和服务的雇主、消费者，同时也是生产者：高校教职工和学生的消费对城市和区域的收入和就业有直接的影响，此外，高校也扩大了税收面。同时，它们还是当地政府服务和产品的消费者。这些相互作用有时候被称作"后向联系"（Felsenstein，1996）。那些拥有代表性高等教育部门的地方，高等教育对区域国民生产总值有非常大的贡献。例如，在边缘地区，高校的消费可以占到区域的 2%—4%。①

虽然后向联系对于区域发展很重要，人力资本、知识库和当地的吸引力也对其有间接影响。区域发展的新兴模式强调发展是基于独特的价值和区域环境以及知识产业的发展。这导致了对区域中高校角色的重新检视。知识经济或学习型经济需要大量的毕业生和教学中的就业导向，还要求为各类传统及非传统学习者提供终身学习的机会和条件。此外，如果高校想要对区域经济发展作出贡献，它们必须超越单纯的教育——它们需要与区域进行合作并对知识密集型工业的发展作出贡献，这些将鼓励毕业生在当地就业并留在当地社区里。在技术进步和科技转化方面，它们还要对已建立的公司的相关需求作出回应。因此，人们期待高校不仅仅参与知识创新，还希望它们能够在当地和区域的知识实际应用上作出贡献。社会期待高校在活动中跨越学科界限，同工业、社区和各种利益相关者合作。这些因素影响了高校角色的各个方面——教学、研究和社会服务。

高等教育与城市

虽然在这个领域中很多政策制定是中央政府参与的，但也有大城市区域层面的行为，这些政策把最易协作的物理距离同达到协同效应与多样性的充足规模结合起来。城市和城市区域对支持地区高校的区域合作很感兴趣。它们从高校的存在中获得利益，因为它们不仅代表了主要资产，还代表着对外来投资和人才的吸引力。市政当局往往把当地高校的一流专业领域强调为城市作为企业、改革、创新中心的标志。

城市区域和高校之间的合作在三个领域成果显著：第一，调节当地劳动力市场的供求；第二，推动当地经济发展；第三，对区域治理体系作出贡献。

由于本地技术供应短缺和失调，或人才外流，大都市常常面临高水平工人的短缺。城市和高校可以集中劳动力市场的情况，并指出劳动力市场的需求如何与高等教育衔接。它们也能共同开发新的决策模型用以增加经济竞争力和减少社会排斥（ODPM，2004）。高校具备为城市提供支持、专家分析和指导的潜力。因此，通过扩展城市区域的联合，它们能够推动和促进地方分权和政府授权的过程。

城市和城市中研究型大学的战略合作关系成为经验共享和提供共同政策回应的媒介。这些联盟寻求对城市环境起到积极影响。它们还能够利用社区、部门等分区域联盟的形式来实施经济、物质和社会重建的计划。诸如科学城市等体系有助于将研究型单位、示范中心与区域工业和优势联系和重组。

在全球化和本地化的进程中，知识和技能对本地的实用性越来越重要。在全球知识经济中，高校被看做知识和创新的源泉、发展的引擎，并对当地社会的经济、社会和文化发展有贡献。这意味着高校需要满足社会的新期待。问题是怎样将这些期待转化到相关政策措施和体制改革过程中去。

在本书中，高校的区域合作包括很多维度：

● 区域层面通过研究进行知识创新，以及通过技术转移进行知识的开发利用（产学研合作下的衍生公司、知识产权和咨询）。

● 人力资本构建和知识转化（基于业本学习、毕业生本地就业、继续

11

教育、职业发展及终身学习而实现的学习过程的本地化）。

- 对于区域创新所依赖的环境、社会团结和可持续发展有所贡献的文化和社区发展。

人们已经越来越认识到加强区域合作以及高校和区域互惠互利进行能力建设的必要性。许多经合组织成员国已经开始强调高等教育的区域角色和贡献。区域目标往往被定义为高校"第三职能"或社会责任的一部分。然而，一种新兴的观点认为，如果要将高等教育对学生学习、产业知识发展和区域公民社会的作用最大化，第三职能必须与长久以来的教学和研究职能相结合。

我们处于何种位置？高等教育的区域合作是什么呢？有哪些动力和阻碍？这对高校、区域和国家的统治和管理有怎样的意义？怎样使区域合作适应全球层面的学术发展的追求？本书旨在借鉴现有的 OECD 成员国的调查和 14 个区域自我评估和同行评审报告来解决这些问题。

本书首先概述了高等教育区域合作的动力和阻碍，接着聚焦于怎样通过动员高等教育参与区域创新体系，增加人力资本，以及影响区域内社会、文化、环境发展来战胜阻碍。然后，将着眼于区域内能力建设以及高等教育和发展体系的建立方式。最终，将就国家和区域政府、高校的未来提出一些建议。

经合组织的研究

2004 年，继完成《高校对区域需求的响应》报告（OECD/IMHE，1999）和《知识经济中的城市与区域》两份报告（OECD，2001a）之后，经合组织与经合组织公共治理与区域发展部（GOV）合作开展了"高等教育体制管理项目"（IMHE），该研究旨在提高社会对"高校及其区域合作相关的国际趋势和实践方面"的认识。

这项研究的重点是对 12 个国家的 14 个区域进行深入的比较和评估，这是为了回应经合组织成员国自发调动高等教育支持区域合作的趋势。这项 2005—2007 年进行的调研项目，旨在将经验综合为政策和实践的统一整体，以指导组织、区域、国家和超国家层面的改革和相关政策措施，其中也包括为加强高等教育和社区联系的投资决策。另外，目前的实践也需要结合不同国家和地区的背景进行分析和评估。同时，此研究通过为高校和地区利益相关者提供对话的结构化平台，进而通过明确各方角色和分工来帮助每个国家/地区进行能力建设。

这个调研计划主要是定性研究，包含了广泛的主题并要求资料支撑。虽然区域发展经常被认为仅仅是经济名词，但经合组织的个体评价模式建议对此作出了更广义的阐释。这要求高校在国家高等教育和地区政策如何有效地影响区域发展的背景下，与它们的区域合作机构进行批判性评价。因此，自我评价的核心要素是由以下论题组织起来的（参见附录 A 的问卷）：

- 研究对区域创新的贡献；
- 教学和学习在人力资本发展中的角色；
- 高校在社会、文化和环境发展中的贡献；
- 在竞争日益激烈的全球经济环境下，高校在区域能力建设中扮演的角色。

重申高等教育和改革对区域竞争力的驱动作用，得到了公共管理和区域发展委员会的回应。该委员会从区域调研和 IMHE 个案研究和经验中积累的资料里总结了主题，进行了一项支持性系统研究"高校对区域发展的贡献"（OECD，2006a）。同时，教育委员会的教育和培训政策部门当时也正在 24 个国家进行一个国家级的第三级教育调研（OECD，2008）。这些研究也关注了区域合作和发展，但是仅从国家政策的角度，而非区域角度。合作形成了"区域发展与高等教育"、"地区管理和发展与高校角色和管理"之间持续的辩证性讨论。三个领域之间的协同合作以及方法论上的差别，为实现共同利益提供了宝贵经验。因此，本书将基于上述所有资源进行研究。

本研究的指导小组的成员有：Jannette Cheong（HEFCE），John Goddard（University of Newcastle upon Tyne），Mario Pezzini（OECD/GOV），José-Ginés Mora Ruiz（Technical University of Valencia）和 Richard Yelland（OECD/IMHE）。行动小组的成员包括：Peter Arbo（University of Tromsφ），Patrick Dubarle（OECD/GOV），ChrisDuke（RMIT），SteveGarlick（University of Sunshine Coast and Swinburne University of Technology），John Goddard（University of Newcastle upon Tyne），Jaana Puukka（OECD/IMHE）和 John Rushforth（University of West England）。本研究由 IMHE 管理。

参与研究的区域

本研究包括 14 个地区，来自 11 个 OECD 成员国和 1 个非成员国：

亚太地区	釜山（韩国）和阳光-弗雷泽海岸（Sunshine-Fraser）（澳大利亚）
欧洲	加纳利群岛（西班牙），日德兰—菲英（Jutland-Funen）（丹麦），于韦斯屈莱（Jyväskylä）地区（芬兰），英国东北部，奥瑞松德（öresund）地区（瑞典—丹麦），挪威中部地区，特伦德拉格（Trøndelag），特文特（Twente）（荷兰），巴伦西亚地区（Valencia）（西班牙）和韦姆兰（Värmland）（瑞典）
拉美	新里昂（Nuévo León）州（墨西哥）和北巴拉那（Paraná）（巴西）
北美	加拿大东部省份

这些地区包括了从农村到大都市、从外围到中心地区的各个范围。高校不仅包括研究型大学，还包括职业和专科院校。从国家层级来讲，调研包括了高度中央集权和分权制的地区以及高等教育管理体系。

本研究试图包含那些拥有区域识别性（不管是正式建立的行政区划还是其他方式）及有与高校合作历史的区域。这并不是对所有地区样本适用。同样，研究还想要包括所研究地区的所有高校来确定整个高等教育部门的影响、分工和关键合作机构。但是，这也并非对所有地区样本适用。

研究目的是将区域议程纳入研究首位，而不是围绕高校的需求来制定议程。若干因素证明这非常具有挑战性。"区域"，这是一个多样性的、不断演化的和具有不确定性的概念，哪些构成了"区域"并不是很清楚：国家与国家之间或者世界各地区之间都有不同，甚至在同一个地点也有区别。例如欧盟，为了特定原因，已经创立欧盟特区，但这在某些国家并不符合历史和行政区划。经合组织对于区域也没有标准的定义和解释。统治和分权的形式在一元体系和联邦体系中非常不同。在有些地区，高校并不在调研的范围内。大部分样例中高校被排除是由于二元教育体制的压力或高校数量过多而使得研究难以操作。尽管有以上的困难，很大范围的区域级、国家级和组织级的设置已经被包含在研究中。（第四章给出了更深入

了解有关本研究的区域合作的统计）

本研究中涉及的地区并不是基于预先设定的分类选出的，而是能够展示出多种经济、社会和文化条件并反映不同发展轨迹。通过检视地区和当地高等教育部门的关系为研究的问题提供实证支撑。自我评估和同行评审报告也提供了大量有关区域合作的结构和过程的案例。因每个样例地区都有调研，所以案例研究允许对合作关系建立的影响和性质进行深入调查。

发展聚焦：寻求区域权力

研究使用的方法是主题式回顾，这不仅受到其他经合组织回顾研究的影响，还受到委托于芬兰高等教育评估委员会主导的发展导向评估项目的影响。研究方法包括以下方面：

- 由经合组织行动小组开发的区域自我评估通用框架；
- 基于经合组织指导方针的区域联盟自我评估报告；
- 国际同行调研小组进行的实地调研；
- 一份同行评审报告和当地的回应；
- 经合组织行动小组对区域案例研究的分析与综合。

还有一份委托的文献综述，对高等教育与区域合作的历史进行研究（Arboand Benneworth，2007）。

研究的焦点是高校与区域的合作，并希望建立一个区域学习和能力建设的路径模型。区域内和区域间的共享学习是有必要的。因此，研究寻求对参与研究的区域进行有效的干预。作为推动合作关系建设进程的一种方式，经合组织项目指导方针要求参与地区建立能够代表公共、私人和非营利等部门的关键利益相关者的地区管理委员会。委员会对当地的调研过程和合作关系负责。

实际上，各个地区在能力建设上成熟度处于不同阶段。虽然对一些地区来讲，经合组织的研究是将高校和地区相关方面聚集起来讨论区域发展的首次机会，但在另一些地区已经多多少少有相应的操作机制。比如，英国已有高等教育地区协会，如东北大学地区高等教育协会，负责实际的协调。在韩国釜山，区域创新体系委员会也被看做担当区域管理委员会的角色。

地区使用本计划的模板进行自我评价。自我评价常常由广泛的合作研究、数据收集和（最好是）深入分析组成。这导致：①对地区条件、发展问题的全新了解和洞察；②从未有过的持续对话和合作的基础。在许多地区，自我评价阶段是他们学习和能力建设的过程。

自我评估阶段后是同行评审。同行评审参观在 2005 年 10 月和 2006 年 10 月之间进行。每个由 4 位专家组成的同行评审小组均包括：1 位来自/代表经合组织项目计划小组的协调员，其他 3 位包括 2 位国际专家（其中 1 个是评审领队）和 1 位被评估国（但非该地区）的专家。基于一周的参观调研、自我评估报告和其他信息，每个同行评审小组都将准备一份报告，分析形势并给予高校和政府以政策和操作建议。还会组织一些地区性和国家性的研讨会来发布调研结果。

"同行"的概念对方法论和能力建设尤为重要。经合组织的调研不仅寻求对各地区的判断性的检查和排名，而是在发展意义上的同行评价，提出其他路径，并反映其他地方试验的经验和方法。虽然有经合组织的指导方针，究竟采取学术导向还是实践导向、采取定性宏观研究导向的经验研究还是能够满足经济审计核查量化研究方法依然存在循环往复的争议。

本研究呈现了自然的进程——开始是对各种流动的沟通与知识生产的网络的集中控制，核心则是充当定位点和信息交换所。这项评估可以通过各种交流会和体现项目进展特点的宽泛参与圈进行追踪。区域合作带来的更广泛的同行学习、团队之间的会面以及区域间/内活动大大拓展了项目的参与圈。

注　释

①高校的经济影响力是利用投入/产出模型，由价值和雇用影响的乘数来估计的。例如，挪威科技大学和两个大学学院的地区影响力大约为每年 43 亿挪威克朗。英格兰东北部的 5 所高校，共有 1.4 万名教职工和 9 万名学生，对地区 GDP 的贡献为 2.3%。在中部地区，学校的消费影响力相对而言通常比较低，但依然很显著。2002 年，加州大学对区域经济的影响约为 150 亿美元（占加州 GDP 的 1%），其中对加州研究基金 1 美元的回报为 3.9 美元。

第二章

区域合作的动力

　　本章考察了高校为何越发重视与它们所在的地区和城市合作，以及为什么这些地区积极动员高等教育来支持本地经济、社会和文化发展；本章描述了区域发展政策和高等教育政策的变化以及随之产生的对双方互动的日益重视；最后，本章提供了一个在全球知识经济的大背景下整合高校和区域发展共同利益的概念框架。

　　高校正越发紧密地和它们所在的城市、地区联合在一起。与此同时，这些共同体也试图动员高等教育来支持它们的经济、社会和文化发展。这一新兴的合作关系的出现是建立在对共同利益日益重视起来的基础之上的。

　　在最基本的层面上，这些共同利益主要是经济上的。面对着国家在高等教育方面投入的公共资源不断减少，高校试图实现如下目标：

　　• 当地对于它们在研究和招生方面的全球性愿景的支持；

● 更多的本地生源；

● 通过向当地企事业团体提供咨询和专业培训服务来获得额外的收入；

● 从一个可以吸引并留住有创造力的学者和优秀学生的当地环境中获得间接的好处。

对于负责城市和地方发展的机构说，高校是：

● 创造税收和其他收益的主要事业；

● 在市场营销和私有部门吸引外来投资方面的一扇通往全球的大门；

● 新行业的创造者以及包括支持现有行业在内多种目的的建议和专业知识的来源；

● 通过毕业生在当地就职，对已有劳动者的专业技能的培训以及包括远程和网络学习在内的终身学习来增强当地的人力资本；

● 为当地文化项目提供内容和观众。

从高校的角度来看，区域联合是高等教育第三项职能——公共服务的外在和可见的标志，通过这样的联合高校能够展示其对社会民生作出的贡献。通过这些努力，高校就能够提供高等教育和研究给公共投资带来附加值的确实证据。从城市和地区的角度来说，特别是在高度集权省份的那些高校，可以成为能够将区域内科技、工业产值、教育和技能、健康、社会包容以及文化等不同国家利益合为一体的重要的地方机构。

本章试图用实例来证明高校管理项目在一份有关高校对地方所作贡献的学术文献综述（Arbo and Benneworth，2006）中所提出的一些较高层面上的总结。它首先考察了在城市和地区政策中"向内接触"高等教育的驱动力，然后会审视高等教育系统内部由高校发起对所在城市和地区"向外接触"的驱动力，最后，高校和地区各自的利益诉求将会在全球知识经济的背景之下被结合到一起。

区域发展和高等教育地位观的演变

人们常把传统的区域发展与重新分配资源以减小地域间差异联系起来。这些政策的结果常常是令人失望的。分散而零碎的补贴对于维持经济起飞常常是无力的，同时更有选择性的再分配往往会遇到阻碍。最近，这类政策在大部分国家得到了大的修正。政策焦点从支援贫困落后地区移开，转而投向了通过强调增强地区的竞争和比较优势来激发发展潜力。在这样的背景下，作为知识的提供者、集群发展的辅助者以及地区创新系统的主要成员，高校所扮演的角色正日益重要起来。

这一讨论采用历史视角来帮助人们理解政策和实践是如何演变的，以及过去是如何让高校和区域政策变成了今天这样。

减少地域差异

经合组织国家在"二战"后的区域政策中强调了中央政府对于减少中心和边远地区之间差异的介入。这类介入的经济学理论依据是基于"循环与因果积累"原理（Myrdal，1957）。这些理论驳斥了新古典主义理论关于生产要素的流动在长期将会带来区域（发展）的趋同。正如他们所驳斥的那样，在没有国家介入的情况下，自由市场的运作将会使富有的中心区域更加富有，而贫穷的边缘区域将会更加贫穷（Kaldor，1970）。公共介入主要以两种形式出现：对边远地区建立的工业产业给予金融支持以及吸引流动投资以消化劳动力过剩。同时，还有一些政策旨在平衡地区间生活标准，包括初等和中等教育的标准。

显然，高等教育并没有出现在区域政策干预的手段之中。在欧洲，许多在19世纪后半叶和20世纪前半叶曾为传统工业服务的高校被归入国家高等教育系统。在这一过程中，它们与地方之间的联系被削弱了。尽管有丰富经验并且许多高校仍旧在地方扮演重要角色，高等教育总体上并没有被视为战后再分配式的区域政策中的工具之一。

在美国区域间发展不均衡并不是联邦政府需要负责的，但是单独的州政府的确在19世纪形成的赠地传统的基础上支持公立大学服务所在地区的需要。事实上，新英格兰州州政府投资高等教育以挽救工业衰退和加州吸引联邦对于农业需要结构调整地区的投资为后来的高技术走廊——128公路和硅谷——打下了基础。

在建立了联邦制政府的英联邦国家（加拿大和澳大利亚），高等教育在那些作为各省门户城市的发展中扮演了关键角色，并且为澳大利亚每个省府所谓的"砂岩"大学打下了基础。区域问题曾经（并且仍旧）是欠发达内陆城市和农村的核心问题。在所谓的"发达世界"之外，国家优先建设首都周边加大了地域差异，而国立大学则是人们迁往首都的吸引源之一。

欧洲在战后形成了通过国家干预减少中心/边远地域不均衡的舆论，然而这一共识在 20 世纪 70 年代被打破了。这与发达经济体制调整问题的发作以及对于战后凯恩斯经济管制模型的抵制直接相关。这些体制调整问题尤其在城市，包括某些中心区域的城市中有着严重的影响。无论是所谓的"铁锈地带"，即煤炭和钢铁、重工业和纺织业等正面临新兴工业化国家挑战的传统工业的出现，还是相关流动投资由于涌向了工业化国家中低成本地区而导致的投资量减少都在侵蚀和削弱着再分配区域政策的基础。

区域创新政策

作为对危机的回应，区域和产业政策转而强调本土发展，关注那些特别强调创新对提高它们竞争力有作用的中小企业（SMEs）（Rothwell and Zegveld，1982；Birch，1987）。传统区域政策聚焦于吸引那些正寻找低人力成本地区的分公司，用以生产那些正接近产品生命周期末尾的商品。本土发展政策则与之相反，它聚焦于新产品和为中小企业引进新的生产流程。

这一注意力的转移开启了与本地高校的研究基地相联系的大门。在美国，这恰好与 1980 年杜拜（Bayh-Dole）法案的通过相呼应，这一法案授权大学将它们的知识产权商业化。在 20 世纪 80 年代，有越来越多的学术论文支撑了对于本地支持（或约束）创新环境的供应方的地方或"自下而上"的公共干预。对于所谓"第三个意大利"的研究表明，在已有的城市区域之外，中小企业间交易关系或者非交易的相互依赖关系能够为远离城市群的传统产业的创新提供一个多产的环境与氛围（Pioreand Sabel，1984；Brusco 1986）。尽管在意大利这些关系网并没有涉及高校，加州硅谷和新英格兰州 128 公路的经验则标志性地展现了通过与研究型大学的牢固联系来创造新的工业园区或者复兴旧工业区的可能性。

学习型区域与产业集群

进入 20 世纪 90 年代后，区域政策制定者认定能够影响经济表现的供给要素的范围扩展了。最明显的就是教育和技能以及来自"做中学"的隐性知识在"学习型区域"这样一个概念中得到了体现（Morgan，1997；Malmberg and Maskell，1997）。这一观点与另一个日益强化的认识产生了共鸣，即创新并不必须是一个线性过程，而是可以参与到生产者和用户之间的紧密交互之中，而这一交互一般来说最好是面对面进行。不仅如此，学生和毕业生在"行走中的知识迁移"以及建立研究者和他们所工作的企业之间的社会关系中所扮演的角色正日益显著起来（参照：Audretsch and Feldman，1996；Kline and Rosenberg，1986）。

20 世纪 90 年代，这些观点开始正式为公共政策所接受并且用于促进在特定地域建设的产业集群的发展。产业集群的概念中创新极少是孤立进行的，而大多是系统化的，此时产业集群所扮演的角色类似于微缩创新系统。在这里，集群囊括了高校、研究机构、知识型商业服务机构、桥梁性机构以及客户所构成的战略同盟。集群的成功要求并鼓励个体人才（包括学生和毕业生）的流动以及对于生机勃勃的场所的创造。高校能够通过下述方式在集群发展中扮演角色：

- 基于科学的发现以及构造新的商业模式；
- 直接对企业进行建议以增强其管理能力；
- 供给技术劳动者；
- 专家服务的消费；
- 将知识传播到相关产业及其供应链；
- 向中央和地方机构提供政策与管理建议。

在集群内，高校扮演了企业的角色，而公司则开发出了学术的维度。我们所强调的是一个螺旋形的模型，在其中包含了许多的通道，比如研究联系（新知的创造）、信息转移（出售已有的知识）、基于人的转移（学生和职员）以及子公司。在这个模型中，专业化中心和集群热点可以为高校和商界提供关注的焦点。它将合作联合深深嵌入高校和产业的核心商业流程中（参见 Porter，1990，1998，2003）。

当今区域发展政策：对高等教育的需求

在整个经合组织范围内，创新与区域发展政策正逐渐融合。这又产生了更多对高等教育的需求，因为创新政策变得更加综合而广泛了。现在越来越多强调教育和培训、就业能力、劳动力质量和技能以及终身学习。人和人力资源成为了焦点。人们认识到，主动促进创新和提升竞争力需要考虑到城市和地区由于失业、贫困和多元文化的社会中排外的波动而带来的挑战。此外，人们有着强烈的意愿去建设和培养具有创造性和企业精神的地方以让人们和公司愿意落户于此。于是，许多小镇和城市被新的"创造性阶级"和全球对人才竞争所鼓励，导致他们不断增加对地点营销的投资和给城市冠以"宜居"的头衔（Florida，2002）。

总结起来，定义曾被修订并且局限为技术创新政策的区域政策如今正变得和其他任何被赋予创新标签的政策领域一样宽泛。与此同时，更多的机构和各级政府（城市、地方、国家、国际）被加入到建设创新能力的进程中来。相比曾经仅仅局限于高技术、制造业和私有制企业，现在人们关注的已经拓展到包括了社会与组织创新以及商业、消费者和公共服务等领域（Arboand Benneworth，2006）。

区域政策的这一拓展表明城市和地区给予高校的深厚期望。高校现在被期望参与到公共的和私人的合作并且为均衡区域建设作出贡献。过去，人们往往将高校视为高技术创新和新知识型产业的源泉，但是现在人们开始从一个更开阔的视角看待高校，将高校所在的整个社会组织都包括在内。举例来说，新的对于社会创新、旅游业、创造性产业和福利的强调将学术领域从科技医药医学扩展到了艺术、人文和社会科学。

因为高校将多个社会区域以及多种类活动连接起来，所以它们具有成为重要合作者的潜力。因而，学术机构在更多方面被视为对城市和地区的重建和转型具有重要作用。

高等教育和区域角色观的演变

现代大学的出现

大学在公民社会的演变中作为关键机构存在的时间，与它们对于不断变化的适应性以及对于关键因素（比如，中世纪的基础特征是全球联系）的坚守是分不开的。在 19 世纪的普鲁士，洪堡大学的出现与科学的专业化，与专业化带来的专业基础设施的需要以及对"在远方"支撑国家发展的需要都有关系（Wittrock，1993；McClelland，1998）。

"在远方"的原则是重要的，因为在许多方面，身处 19 世纪的欧洲并逐渐形成的研究型大学可以被描述成一个"对地区的拒绝"（Blender，1998）。这是因为科学探究的理想具体到现代大学就是探究普遍性的原理。人们相信对于真理的科学追求是不分时间和地点的，而且大学应当有一个超越实际所在地方的使命。事实上，大学被定义为一个批判质询、交换思想和自身增进知识的超然场所，而这种定义对于这一机构的可信性和合法性是至关重要的。

在 20 世纪，科学和教育的国家化进一步强化了大学和所在地的分离（参见 Crawford et al.，1993）。由于其对于国家建设的重要性，大学不再期望依赖教堂、市政议会和本地精英们的捐赠。现在它们最核心的资金来自国家政府，然后用培训行政、国有公司以及法律、医药、工程和建筑等各个行业的骨干作为回报。它们试图为新的国家认同和文化精神作出贡献，而这两点支撑了国家建设的进程。所有这一切都基于这样一种协议，大学向国家提供服务从而换取某种程度上的机构自主权，即，内部自治（Crawford et al.，1993；Clark，1998）。

然而，有部分美国高等教育系统走了另外一条发展之路。通过增加受教育机会和对社区的服务，最初致力于推进农业发展的赠地大学被地方植入了"人民的大学"的成分[①]。

大众高等教育

20 世纪的下半叶见证了公共投资在研究、发展和高等教育上的巨大扩张。这对出现于 19 世纪的大学和它们与地区的联合产生了深远的影响。高等教育的典型扩张通常在已经建立的大学——它们往往被认为太过顽固而无法面对工作中出现的新技能的需求——之外和没有大学的社区发生。因此，我们今天所说的高校并不仅仅是大学。大部分国家的高等教育地图正渐渐被一系列不同的机构填涂上各异的色彩。建立在此前的基础之上的许多这种新机构，通常有着有限的研究传统（如师范和护理学校）。同时许多机构有着特定的地域使命。

在一些国家中，这种高等教育的地理散布已经形成了一部分自觉的政策，它们尝试保护人口的空间分布并且通过强调区域不均衡达到区域发展的均衡。政策上的体现就是在不同的地区建设高校，如在挪威、瑞典、芬兰、日本和墨西哥。这一目标还从 20 世纪 90 年代以来为波兰带来了非公立教育机构（OECD，2008）。事实上，在很多国家高等教育的分布所遵循的逻辑很简单，那就是由政治游说来修正高等教育扩张。这不仅仅是一个自上而下的现象，城镇和城市都曾为拥有"它们"的大学而游说。

结果就是许多经合组织国家拥有一个高度分化的高等教育系统，其中夹杂着大学、理工学院、地方学院以及职业培训机构。高校在地方的角色有时会由于机构的不同而有所不同。举例来说，在芬兰和葡萄牙，大学被认为扮演着较强的国家和国际角色，而理工学院则被认为是聚焦于它们的地方角色（OECD，2008）。在瑞士，应用科学大学被指派了区域性的角色（专栏 2.1）。

在高度竞争的全球经济下，高校的分布未必能够应对均衡区域发展的挑战，所以欠发达地区可能会拥有立足本地的高校，如芬兰的理工学院、加拿大的社区学院或是荷兰的应用科学大学，这些学校常常与升级现有产业相联系，却较少被用于创建新型知识经济。

科学、技术和研究

对高校内部和外部科技类公共投资的不断增加，已经对区域联合产生了影响。这类投资的加强很大程度上由科技部推动，而且很多时候在高等教育之外的公立研究实验室出现，这些实验室往往坐落于首都城市的核心地带。与此同时高校可以从在政府内部运营的研究委员会处争取研究经费。在这些委员会中，学术共同体通过同行评议这样一种维持机构自主以及与政府距离的方式施加着主要影响。这种同行评议的过程往往提高了城市里历史最久的高校的声誉，而它们通常坐落于核心城市，因此强化了地域的不均衡性。

专栏 2.1 瑞士的应用科学大学

在瑞士，众多社区学院的重组与合并带来了"Hautes Ecoles Spécialisées"（HES；即应用科学大学），共建立了七所这样的院校（每个"大区"一所）。最近，另外一所覆盖了瑞士绝大部分德语区的私立应用科学大学被建立起来，用来填补大学和第三级 B/高级中等学校之间以及研究与可投放市场的技术之间的缺口。这一战略旨在将培训和本地需求以及帮助技能型集群发展联系在一起。这一政策的目的是升级教育供给并且聚焦高技能从而为产业提供支持。通过应用科学大学，瑞士设定了这样的目标：增加用户导向的研究，培训和院校的专门化。在传统大学中这样两个目标即使有政府的激励也难以达到。

从科学到创新政策

在 20 世纪 90 年代，公共研究重组的模型开始失灵，因为政府开始要求对于科学基地投资能迅速获得经济回报。关键的挑战在于移除挡在科学研究与产业创新之间的障碍。劳动力的体制分工暗示着研究的开展是与实际应用相分离的，在科学政策融合到创新政策的背景下，这一点被认为是有问题的。作为机构之一的高校以及在其内部运作的独立学院，已被期望在所谓政府、企业和高校"三重螺旋"关系中扮演更为活跃的角色（Etzkowitz and Leydesdorff, 1997）。

因而产业政策和科技政策最终汇聚成一种普遍的创新政策，它在一些国家明确地或不明确地表现为一种强烈的区域导向。研究型大学已经被科学园区以及一大群旨在支持高校与产业紧密合作的专业组织所包围。在某些情况下，这些组织在院校与外界压力之间起了缓冲作用，与其说它们是便利的纽带，倒不如说它们的工作更类似于过滤器或者仅仅是一面面向大学所处政治环境的橱窗玻璃。但是越来越多的大学被期望做先行者并且重新规划机制，从而使得企业和技术转移活动可以成为研究与教学的学术核心地带中的一部分。现在，人们期望高校对经济发展在以下四个方面作出贡献：

● 创造新行业和通过研究支持产业的延伸；

● 通过提供有质量的研究纽带和受过良好训练的毕业生来为区域吸引并留住全球性产业；

● 在已有企业生产新产品与新服务的多样化过程中提供帮助；

● 通过增加产品和服务以及改进产业与商业流程来升级现有的生产行业（Goldsteinand Luger，1993；Lester，2005）。

考虑到高等教育或者所有种类的机构的使命，这些高等教育的变化没有经历过不同传统与逻辑之间的挣扎则无法进行。与产业合作仍旧主要发生在独立学院，大部分研究型大学还是关注着科学上的卓越以及由此带来的学术声望。

超越科学驱动的模式

科学驱动模式忽视了高校直接或间接贡献于区域发展的许多特征，也忽视了宽口径教学对于增强区域人力资本所作的贡献。私立与公立服务提供了大部分的地方职业岗位。毕业生们大多数选择受雇于金融、法律和其他专业服务或商业机构。这些地方企业有时候会从事国内国际的交易，并且借助毕业生的技能来开发新"产品"，其中的一些也会提供给地方的高技术企业。但是这些企业同样需要非理工科的学生，比如雇用有商学院背景的学生来协助市场营销一类的工作。另一个重要的招聘毕业生的非生产行业是文化产业和旅游业，它们都能够对为本地吸引和留住创造性人才有所帮助，包括那些在高技术企业和高校工作的人本身。此外，高校还是文化与社会活动的创造者和集聚地。

高校能够为公共服务作出巨大贡献，卫生与教育尤甚，特别是在当今全球知识经济下，内部存在广泛的社会不均衡的地区对于高端投资者是很难具有吸引力的。最后，随着环境可持续性渐渐在政治议程中变得越发重要，高校能够通过公共教育中的研究和教学在建设可持续社区上面扮演重要角色这一点正变得愈来愈明显。所有这些后来的角色都彰显出高校在科学驱动模式下更加自我的关注之外，对公共服务所承担的责任。

综合分析：高校将全球与本地相连

经合组织研究的概念框架采用了区域和高校之间的封闭模型（图2.1）。

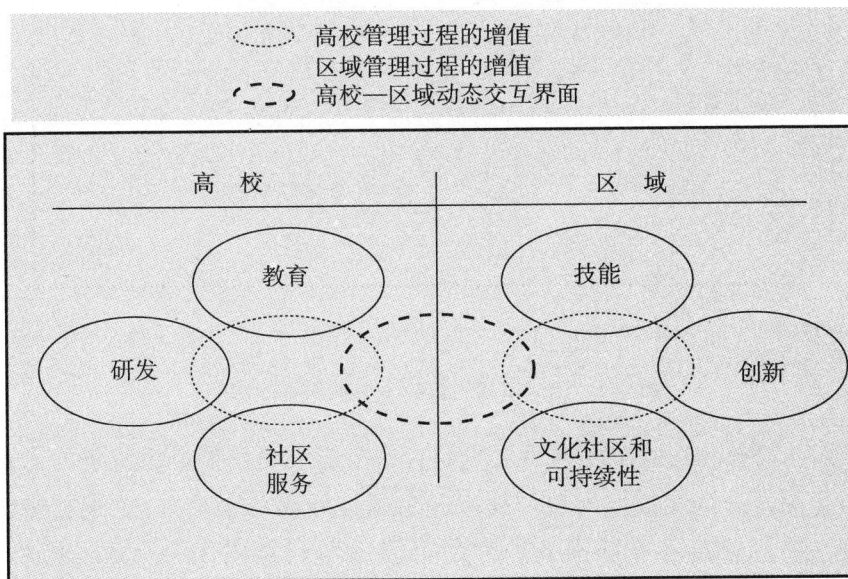

资料来源：参考Goddard and Chatterton, 2003.

图2.1 高校—区域交互界面的闭合模型

图的左边指代了传统意义上高校的三项基本角色（教育、研发和社区服务），右边总结了区域发展的三个关键点，技能、创新、文化社区和可持续性。因为成功的区域发展要求将三股力量加在一起，高等教育和地方之间的有效联合就要求将教学、研究和科学在一个统一的模式下聚合起来，并且建设一个连接高校与地方的有效机制。

倘若把镜头拉远到国家层次，我们就能清晰地发现，许多高等教育内部的驱动力都源于国家政府眼中优先次序的不同。在许多国家，教育部仍旧负责管理传统意义上的高等教育，科技部则支持以商业利润为目的的知识探索，而劳动力市场部则聚焦高等教育在技能提高方面的作用。此外，国家驱动力还来自卫生与文化部门以及中央政府监管的地方部门与区域发展的那些部分（图2.2）。

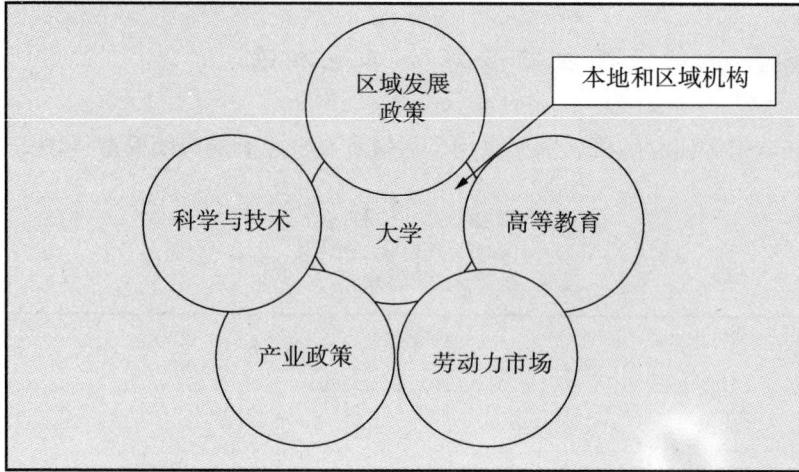

资料来源：Goddard，2005.

图 2.2　国家政策对高校—区域关系的影响

对于高校和它所在区域关系的最后一个影响因素是全球竞争的出现。全球化的力量以及信息和通信技术导致了"距离的消亡"。原则上来说，任何一个能够接入互联网的地方都可以参与到知识化的全球经济当中（Friedman，2005）。事实上，创新继续在特定的区域聚集，而合并创新的趋势越发显著（Florida，2005；Asheimand Gertler，2005）。高校日益需要在全球范围内推销它们的教育和研究服务，并且提供一个可以吸引并留住最好的研究者、教师以及学术领袖的基础设施体系。与此同时，地方也需要吸引知识型的对内投资，支持本地公司寻求在世界舞台上运营并且留住的机会，同时为本社区吸引最具创造性的人才。

就像当至少有一部分高校在世界范围内合作时高等教育能够更好地为地方服务一样，高校也需要让地方对外来者敞开大门。中国、印度和其他一些地方对高等教育、基础科学、技能和将科学转化成产业优势的体系方面急速增长的投资给经合组织范围内的高校和区域都施加了很大的压力。这些挑战既有机会又有威胁，同时还强化了区域与高校建立强有力合作关系的需要。

图2.3描述了区域联合下多形式和多层级的高校。它总结了高校外部联合的地方、国家以及世界三个层面，还强调了高校对区域的溢出效应以及有交互发生的物理位置的重要性，如科学园区、大学医院或者文化城。

这是一张复杂的图表，因为区域联合的驱动力正预示着高校的出现不仅担负起了广泛的功能，并且在大量的舞台上发挥作用——地方的、国家的和国际的，此外还要与相当数量的利益相关者合作。倘若再考虑一些由于历史原因而在地方上出现的大量院校，那么这张图将变得更为复杂，因为这为决策劳动力在其间的合理分工带来了更多的挑战。

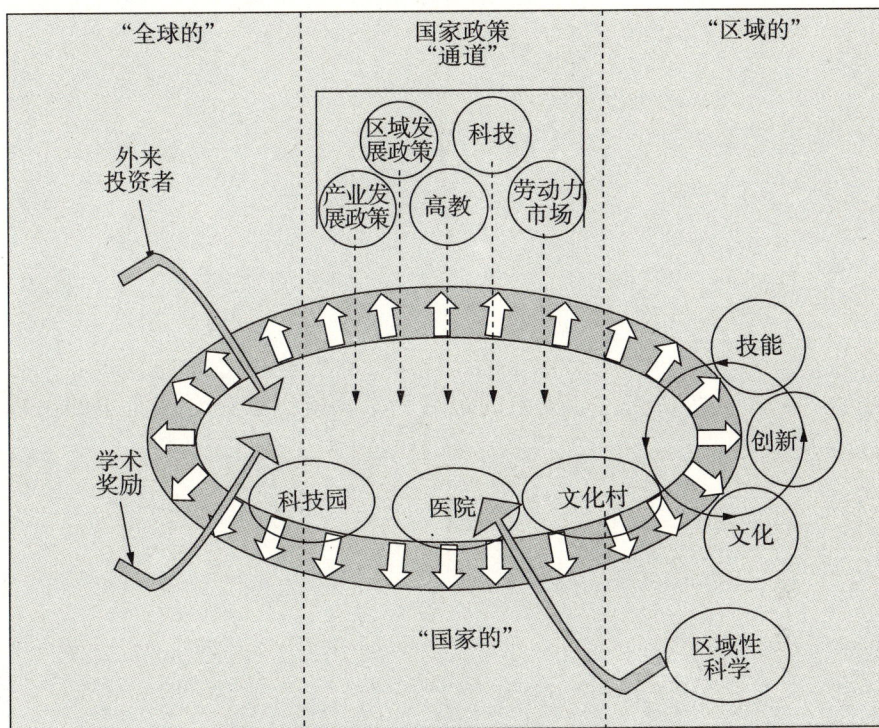

图 2.3 高校贡献区域发展的多个模式和领域

图 2.3 是一张典型的图，表现了在没有障碍情况下的高等教育和区域发展系统的有效运作。在实际中，总是有很多需要克服的困难，这些将在下一章讨论。

注　释

①1862 年通过的莫雷尔（赠地）法案允许在每个州通过赠地来建设一所赠地大学。

第三章

高等教育区域合作的壁垒

本章探讨在全球、国家和地区层面上外部影响如何阻碍高校的区域合作，并建议通过调整现行政策和做法来克服这些障碍。本章将以专题形式讨论区域合作的主要障碍，首先讨论全国高等教育、科学技术和劳动力市场政策出现相互冲突的情况。研究还特别关注了如何资助区域合作。本章接下来讨论地方和区域机构与高校的合作能力以及区域治理和领导的影响力。最后，本章讨论了个体高校层面的领导力。

高等教育、科学技术和劳动力市场政策

高等教育政策的地域性

大多数经合组织成员国的高等教育政策不包含明确的区域维度。在通过卓越的科学水平和发达的教育实现国家愿景方面，教育部通常

成为高等教育和研究角色的总规划师。但韩国是一个最为突出的例外：由中央政府筹备的"重点扶持区域创新大学工程"（NURI），以加强首尔地区以外的高校的研究能力。（见专栏 3.1）

专栏 3.1　韩国"重点扶持区域创新大学工程"（NURI）

韩国"重点扶持区域创新大学工程"（NURI）是由中央政府出资，旨在强化区域创新并且确保首尔中心区以外均衡的国家发展。教育与人力资源开发部在五年时间内（2004—2008 年）向入选的高校提供了 130 亿美元的资金。NURI 工程有 109 所高校参与，它们从事着超过 130 项与地方经济特点有关的计划。作为 NURI 工程的一部分，区域创新系统在全国范围内建立起来。

NURI 工程的目标是帮助本地高校：

● 将人才吸引和留在当地；

● 改进教育状况并且开发劳动人口教育与发展项目，以帮助学生获得对于就业安全至关重要的职业技能；

● 与地方当局、研究机构以及商业和产业建立富有成效的合作，并且为本地产业集群提供技术工人与先进知识；

● 在开发和维系高效的区域创新系统（RIS）方面扮演领导角色。

应用研究与开发以及满足当地劳动力市场技能需求这些看起来更加"世俗"的任务可能将留给教育系统中层次较低的部分，如专科学院和社区学院。但是在一些国家，不同层次的高等教育之间的界限已经被淡化。比如，在英国，工艺学校被划分到了大学一类；在荷兰，一些经过选拔的大学却被认定为专业教育类院校（即现在的应用科学大学）；而在芬兰，现在正面临着将专科学院重新定位到应用科学大学中的压力。

较新的机构缺乏良好的研究传统或基础设施，因此它们只能设法借助相当有限的资源来营造一个国家形象，乃至国际形象，而这些在传统上是与大学的学术声誉密切相关的。

值得注意的是，高校中历史名校的布局往往符合国家空间发展的整体布局，即名校通常坐落在首都这类大城市或其周边地区。相比之下较新高校的建立往往是为了服务于特定范围和区域，因此这类高校的地理分布越来越分散。①

　　这是对具有流动性的高等教育国家体系的整体性归纳。许多经合组织成员国拥有复杂的系统，包括精英型的科学大学、教学型高校和科学技术类学院。如前所述，在那些原来没有高等教育服务的地区②建设新的高校是许多经合组织成员国的持续的政治压力。不过，这些政策常常与大城市的精英高校的研究资源集中化并行。虽然发展性体系依然在诸如墨西哥和巴西这样的国家议程上居高，但是在很多发达国家，由于人口统计上的变化和/或追求临界质量：社会面临着通过高校合并和其他形式的强化合作来减少高校数量的压力（如丹麦、芬兰、韩国）。

　　此外，高等教育的社会参与在经合组织成员国中的优先权不同，但在一些国家也已经成为显著问题，在不同地理区域有不同的参与（HEFCE，2006；也可参见第五章）。

　　高等教育在何种程度上跨越了国家界限，成为推动区域发展工具的国家政策？答案取决于对发展的定义和中央政府对于高校这一任务的重视程度。通过以研究为导向的创新来提高竞争力的挑战现如今成为区域政策的中心这种观点，已被广泛接受。然而，有一点非常清楚，在所有地区支持高端研究并不是高等教育政策的目标。甚至在高校与商业和社区的合作被认为是高校的"责任"的北欧国家，这也依然是"第三职能"，并没有与核心的研究和教学职能明确联系起来，也没有与区域发展明确结合。

科学和技术政策

　　为了使其经济影响最大化，国家研究政策与其公共投资的联系有着越来越大的压力。因此，在研究政策和其他支撑商业创新的政策之间有持续的融合趋势。

　　在所有参与目前经合组织研究的国家中，芬兰可能有着最复杂的国家创新政策，它由商业、高校和政府三部分组成。即使是这样，在工业与教育部监管下的芬兰国家创新体系，依然没有区域维度，留给拥有很少资源的内政部来干涉这一领域。内政部通过建立区域网络将专家集中区域与各地的科技园和大学联系起来（OECD，2005a）。（参见第五章表5.2）

　　虽然对阻碍创新的组织和社会壁垒有越来越清晰的认识，大部分自上而下的科学和创新政策继续只高度关注高科技和制造业，却忽视对艺术、人文和社会科学的贡献和对创意产业的服务。这些维度在区域级研究的生产者和使用者的互动中出现。近几十年，人们目睹了知识中心的产生，它们关注同样流行的高科技领域，如生物科技、纳米科技和信息技术，并在世界范围内迅速传播。但是，很明显，许多创新并不是基于科学的或者根本性的，而是发生在中小型企业（SMEs）的本质上的增量。

国家创新政策由科技部门驱动，它同样也没有重视教学和学习在从基础研究到知识转化中的作用。基于工作的学习设计通常包括雇主与高校的区域联系，旨在加强毕业生的就业能力，并没有特别用来发展区域商业竞争力。一个显著的特例是英国的知识转化合作方案，要求研究生承担本地公司的项目（参见第六章）。

劳动力市场政策

大部分经合组织成员国通过劳工部或类似部门制定了积极的国内劳动力市场政策。这些政策的焦点在于中低水平技能者和失业者，而不是与高等教育相关。这是假定市场（如学生和雇主的需求）在没有干涉的情况下也能有效运转，为一些专业人士（如律师、建筑师、土木工程师等）建立的国家级雇主引导的协会常常在调节供给和保证质量方面扮演关键角色。只有在那些国家依然是公共服务——往往是健康方面的服务——主要提供者的地区，政府才扮演规划的角色。中低水平技能者的市场可能是地区性的，因此对空间维度的要求很高，与此同时，人们假定高端技能市场是国家级和国际性的。这就是为什么没有中级和地区级别的干预的个案。

因为以上原因，几乎没有研究型大学在地区级人力资本的发展上有合作，尤其是当这与满足知识密集型产业发展所需的技能相关时。相反地，新的职业导向的院校常常致力于已有产业升级技能。

健康政策

在高等教育、创新和劳动力市场政策这些核心领域以外，政府在很多其他领域瞄准高校的能力和责任来进行区域发展合作。前面的章节曾提到区域创新政策是怎样扩展到包括与健康、地区人民福利、文化活力和环境可持续发展等附属因素的。每个领域都与政府的某个独立部门的职责对应，这些部门对区域政策维度以及高等教育区域性和国家性的合作有不同的责任。

　　高等教育与国家政策最直接交叉的以及有很强的区域特征的领域就是健康。与医学院相联系的大学校医院在健康研究和发展以及医护人员培训、保证当地人的健康等方面起着重要作用。事实上，大学医学院和校医院极好地体现了最后一章提及的各层级和各形式的高校架构的所有方面（图2.3）支撑医学进步和新技术产生的科学基础在私人部门得到了发展。由此带来的主要结果则是在健康组织和传播方面的兴起。政府、高校和健康领域的私人部门之间的关系在过去50年中得到发展，并且形成了很强的区域维度。因此，大学医学院和校医院发现自己在高校/区域合作的议程中起到核心作用也不足为奇了。值得注意的是，这种议程并不仅仅包括生物科技和商业的发展，以及对健康服务传播中嵌入新技术是非常必要的商业流程的重建。医药科学也是可将区域作为"实验室"的一块（第七章）。

　　尽管成就颇丰，健康政策却很少被看做高等教育/区域合作的一部分，经合组织成员国健康领域的政策已经发生变化，以回应源自科技发展和人口老龄化的大众的螺旋化需求，这尤其令人担忧。例如，以市场机制替代高校医学院和校医院之间非交易性的依赖关系——最近在欧洲大部分国家很流行的模式——会破坏那些支撑成功区域合作的共生关系（参见 Smith and Whitchurch，2002）。

文化政策

　　另一个在国家政策上未被重视的、高校对城市和区域发展起重要作用的领域是文化领域。高校常常是文化资产的拥有者或管理者，这些资产在它们自己的博物馆或美术馆中展出。高校的音乐、艺术和戏剧专业通过表演或相关活动直接或间接地活跃了所在城市。在一些国家中，对艺术和遗产的支持没有包含高等教育的区域维度。但这仅仅是例外，不是一般情况。高校愈加发现在它们常规的教学和研究预算之外，很难支持这些活动，所以它们从地区资源获取支持，来维持这些昂贵的设施和活动（OECD，2001b）。同时，创意产业的迅速发展，将创意艺术、设计和媒体的毕业生吸引到新产业的建设中来。

环境政策

国家政策对高校的区域合作产生影响的最后一个领域是环境可持续发展领域。此领域的政策与医药和艺术不同，是很新的。更有一些观点认为，具备研究基础的高校，尤其是与作为"实验室"的区域有联系的那些，应该能够在能源科技和应用方面起到重要作用。通过它们的教育项目和校友，高校也能够在培养可持续发展意识方面起到核心作用。

作为当地主要的土地使用者和旅游点，高校可以为多种可持续发展的工作方式作出贡献。然而，只有很少的证据表明，这种区域贡献被制定可持续发展政策和实践相关的国家机关或高校本身所认识（参见第七章）。

区域合作的资助

经合组织《高等教育专题评论》（2008）认为，在高等教育资金的分配中存在两种主要的原则：第一，为迎合政策目标而设计资金分配方式；第二，考虑到与社会的关系来分配公共资金。

高校对区域合作的态度对其资金来源很敏感。在集中化的体系中，公立高校获得核心资金的标准基本上与区域合作无关。在缺乏激励的情况下，高校，尤其是研究型高校，更倾向于将国家和国际角色放在首位。虽然当高等教育资金区域化或税收权力转移到地方政府的时候，对区域合作的强调看起来更为可能，但高等教育资金的分散化则绝非高校向区域合作这一方向发展的保证，如果这一行为没有受到激励或者没有产出监管的话。在西班牙，去集中化首先在"老"地区产生，包括加泰罗尼亚和巴斯克郡，然后向所有高校已经开始与地方研究合作的地区扩展。在德国，高等教育的财政和行政责任归属于 16 个州政府，而非中央政府，但是州政府很少要求高校与地方进行合作。

当除资金外的其他因素共同产生作用时，高校的区域合作有了更好的基础。在美国，地区资金来源于州税收、学费和地区校友这种做法被政府赠地传统和州立大学的大量存在所强化。因此，许多高校与社区经济紧密结合，它们的责任不仅强调了教育和研究层面，还很重视院校对于国家或地区的贡献。

研究经费

所有包含高等教育相关领域的国家政策，比如科学和技术、劳动力市场、健康、文化和环境，都与公共资金相关。高校是怎样利用这些资源支持区域合作的呢？

在资助高校研究方面，资金体制常常是没有地域偏向或者违背区域平衡发展目标的。在高等教育集权化的一元制国家中，最大规模的大学通常集中在首都和一些大城市，占据了高校研究领域相当大的份额。许多国家正在集中它们的研究能力去建立世界一流的卓越中心。比如英国，研究资金决策体系是基于同行对于学术研究成果的评审的，这导致超过 1/3 的高校研究资源分配给伦敦和英国东南部的 4 所大学。实际上，英国政府的研究政策是资助最好的，无论它在哪里。这是政府维持本国大学在全球大学排名中领先地位的政策的一部分，而地理集中化仅仅是伴随这一政策而来的结果。虽然这种资金的集中化发生在欧洲很多一元制国家，还是有一些例外的。比如瑞典和荷兰，就有对大学研究资金的更平衡分配方式。在西班牙，去中心化已经将资源的分配范围扩大，但首都地区依然保持明显的优势。

倾向中心地区的研究分配体系，会强加给欠发达地区以特定的限制。在很多国家，欠发达地区较小／较新的高校仅仅因为缺乏设施，而无法对新的经济发展或改革旧的体制作出贡献。在边缘地区，因为缺乏其他研究机构（公共图书馆、具有高水平研发部门的企业），高校已经很好地形成了地区参与议程，但当地和地区企业的低吸引力会进一步限制其为本地需求而进行发展研究。

高校也从诸如企业和社区等其他资源渠道获得资金。在最近十年间，公共研发资金的减少或缓慢增长鼓励高校寻求外部资源来维持或扩展各类活动。1981—2000 年（OECD，2003a），每一个 G7 国家来自企业的高等教育研发资金的比例都上涨了。外部资金和内部资金之间达成了某种特定协议。尽管如此，扩大外部资金中的区域份额还是很难的。产业合同通常涉及在全国开展业务的大公司。这些联系通常是由具有特定专业特长的高校发展起来，而与地域无关（Goddard 等，1994）。美国就是一个例子：那些创业型大学收到来自企业的研究资金上涨比例超过大学研究和发展的全部预算的上涨比例，但与地区企业签订合同的研究范围却往往不是那么重要（也有一些例外，如宾夕法尼亚大学）。

项目资金的性质也限制了更多的合作。在芬兰，20 世纪 90 年代，大学的外部资金快速上涨，资金来源——政府部门、社区、私企、基金会和国际组织如欧盟——只资助那些直接的项目成本，即边际成本。当核心资金与通过输出毕业生的教学相联系时，那些对地区和国家的创新体系有用的研究成果和知识转化的投资就没有足够的空间了。有时候，这部分资金缺口由市政府和市议会来填补。（OECD，2005a）

以上的原因产生了许多结果。第一，大型的研究型大学在国际舞台上竞争成功的研究项目、高收入的教员和高素质的学生，会对当地经济产生简单直接的影响，不论它们与当地经济和社区动态合作的范围有多大。第二，如果经济发展中，特别是通过发明和吸引新的商业的方法，由科学驱动的创新的作用被认可，那么这些缺乏研究型大学的地区将会处于弱势。缺乏坚实的研究能力的较小的高校将不能为其地区发展新的经济基础。然而，由科学驱动的创新不是经济发展的唯一道路。基于已有核心竞争力升级的发展模式可能对较小地区及其高校更为适用。

研究资金的另一个特征是，通常它们都不足。促进高校对研究设施再投资的全部经济成本甚少得到保证。对于那些没有足够能力创造财务空间，从而无法加强自身将研究成果转化为市场化的产品和服务的能力建设的高校来说，这一点尤其成问题。

教学经费

经合组织《高等教育专题评论》（2008）认为，机构重点资金的分配基础，特别是对教育而言，在某种程度上应该是产出导向的，同时谨慎实施基于业绩的资助机制。从一些国家如丹麦、荷兰、挪威和瑞典的经验来看，将资助金额与成果联系起来的方式能够促进机构业绩的提升。在基于业绩的资助机制中，指标应该反映公共政策的目标，并与机构应加强的各个方面相关。但是在实际中，大多数国家的教学资金与学生或毕业生的数量相关，并常常投资于那些与学生需求和/或国家需求相连的领域（如 IT 和医药）。毕业生最终被雇用的地理因素很少被考虑。[3]

就招生而言，联邦资金在为那些背景劣势的学生提供入学机会时很有用，例如美国。而英国对背景劣势学生的入学有全国性的鼓励政策，这可能会涉及明确的区域维度（AimHigher[4]）。但是，增加高等教育参与范围的愿望所带来的附属结果是，背景劣势的同学常常需要更多的学术支持，因为这些学校没有为他们打好基础。最近澳大利亚和中国将地域因素纳入了学生招生政策。在澳大利亚，"高等教育公平支持项目"（ESP，2005 年启动）下高校的资金分配基于社会经济地位底层学生的入学率、保持率和成功率驱动的，同时向偏远农村和地区学生倾斜。中国于 2002 年发布了一项特殊决定《国务院关于深化改革加快发展民族教育的决定》，鼓励中国高校为少数民族提供特殊的入学通道。这些通过特殊渠道进入高校的毕业生必须回到生源地工作。（参见经合组织《高等教育专题评论》，2008）。

但是，通常来说，很少有证据表明这些针对弱势群体的招生措施成为国家支持地方人力资本发展战略的一部分，以鼓励当地学生进入高校然后回归本地就业市场。在一些国家，继续教育和高等教育之间难以衔接，因为两者对于入学资格的可转移上缺乏沟通，并且两者资金和管理体制方面也存在显著差异。

第三职能的经费

许多国家尝试加强高校参与区域联合的愿望，并改善与企业和区域经济相关的设备情况。一些国家启动了涉及大量当地利益相关者的大型区域项目，来打造区域创新体系的基础，例如韩国的重点扶持区域创新大学工程（NURI）计划（表 3.1）和瑞典的 VINNVÄXT 区域发展项目。然而，大部分情况下，这些国家开发出临时性的激励措施，主要形式包括拨款、召集课题或联合项目以加强区域级的合作研究，但很少利用政府财政。第三职能很少直接得到国家级政府的资助，而地区政府的资助又尚待开发。

在一元制国家中，英国高等教育的区域维度得到了最突出的强调。"高等教育创新基金"（HEIF）及其前身"高等教育参与商业和社区"（HEROBAC）[5]是由英格兰高等教育基金会（HEFCE）支持的，它们资助了很多大学的商业友好计划，但不会提供高于高校全部资源某个百分点的资金。高等教育创新基金不尽是地区基金，虽然它提出了许多基于区域的倡议。类似于教学资金，高等教育创新基金现在有一套基于绩效的刻板体系。这必然有利于那些已经很成功的高校，而没有试图根据地域需求来调整资助体系。换句话说，那些面临更不利于创新的环境高校，并不会比那些活跃地区的高校得到更多支持。

国家高等教育和创新政策通常并没有为高校加强区域合作提供足够的资源。在这种情况下，部分欧盟地区的高校抓住欧盟结构基金提供的机会来发展它们的区域合作项目不足为奇。经合组织现有的研究中，14个地区的自评报告显示，大量欧盟资助的项目在较少被考虑的地区启动，以支持知识转化和技能发展。但是，这些项目很少被纳入主流研究和教学项目，并由于资金减少而显得岌岌可危。[⑥]

第三职能与区域合作的成果评估

第三职能活动的主流资金有其自身问题。研究投资产出可由论文发表数所评估以及教学产出可由毕业生数所评估，但区域领域表现的评估标准却非常模糊。许多国家如荷兰、澳大利亚、北欧国家正在致力于制订充足的指标，以便支持资源分配。这已证实是一项颇具挑战性的任务。[⑦]

大多数指标都有一个问题，即它们本质上都是回顾性的，是用以奖励过去的表现，而非奖励那些发展性工作，这些发展性工作可能导致更多的收入和对公共利益的服务以及无法在大学账户中反映出的产出。事实上，高校区域公共服务职责的效益可能在明确的区域公共机构的绩效指标中有所增加，例如那些采取测量评估（评估内容如创造就业）形式的地方政府。这并非一个与高校所预期的评估相违背的基准。

高等教育之外，公共资助的发展机构被要求采取更为严格的问责体制。比如，亚特兰大加拿大机遇机构（AGOA）以加拿大联邦政府之名管理的亚特兰大创新基金会，成立了"结果导向的管理责任框架"来评估商业和高校之间的合作研究项目的区域影响。（参见第五章，表5.7）

区域结构和治理

高等教育与区域

虽然经合组织成员国的许多地区指望商业和高校对它们的经济、政治、文化和环境发展作出贡献，但区域与高校相联系的能力常常被很多因素限制。在最泛泛层面上来说，区域公共管理在有限的闭合范围内进行。本地和区域的政府只对区域内的事物负责，并且这还常常与清晰的政治权力相连。相反，研究型大学无法对其影响力进行强制的地理分割。对于在本地、区域、国家和国际的不同层次上运行的高校均是如此。一些高职高专有明确的地域划分，但它们越来越少地被国家、区域或当地政府限制，因为高校之间为生源和项目竞争。因此，高校为其"区域"定界是颇有挑战性的工作。

地方政府

经合组织《高等教育专题评论》（2008）表明，政策的分权化能够促进高校与地区的合作。在一些郡县，高等教育已经开始分权以使地区政府能够积极为高校的建立作出贡献，并更好地对当地社区的需求作出反应。例如，在日本，这一趋势已经通过 1993 年议会关于分权化的决议得到强化。一些国家已经建立协调机构，从而在区域一级管理高教规划，例如，墨西哥的国家高等教育规划委员会（COEPES）正在发挥这个作用。

然而，目前 OECD 的研究表明，不同国家的地方治理体系在高校区域合作的能力方面的影响是不确定的，并且需要进一步调查。

在一些国家，市政当局在不同单位间分配资源，并建立有能力与高校在一些联合领域合作的共同发展机构。在集成（或者说国家管理机制的分解）的下一阶段，一些国家拥有支持高等教育参与区域合作的有特定授权的地方当局，像西班牙自治区、加拿大各省和澳大利亚各省的情况就是如此。

在高度集权的国家，如英国，国家政府已经将权力转交给了像苏格兰和威尔士这样的地区包括高等教育的一些方面。在英格兰，9 个区域中每一个区域的地区发展机构都已经由中央政府建立。这些机构有一些自治权，并且正不断试图动员高等教育支持经济发展，即使这仍旧是一个核心职能。

在很多国家，地方政府只有有限的权力来从事经济发展，更不必说支持高等教育发展了。然而，滚动的改革方案正在进行中，尤其是在有很强的地方政府传统并融合个体自治的北欧国家。其他情况下，地方政府正联合起来支持自下而上具有特定目标的经济发展机构的发展，并且这些机构正在开始同当地高校合作。

在试图与从国家到地方的不同层级的政府合作的过程中，并且即使当地有合适的区域行政结构，高校都经常面临区域内部的为吸引其注意力而进行的竞争的挑战。与坐落于某处的特定市政当局相联系是一回事，服务于拥有若干人口中心的广大地区的众多地点又是另外一回事。建立多所高校这一解决方案又引起了以下问题：资源稀释；以及由于高层管理人员的时间和精力有限并且工作人员和学生的流动受限，区域内高校之间的合作会非常吃力。

私营部门

有兴趣推动高等教育以支持地区发展的第三方利益相关者是私营部门。确认谁为私营部门说话这个问题，与高等教育必须提供什么这个问题相比，是更具有挑战性的，特别是在没有一个强大的私营部门研发基地的地方。在强大而有活力的地区，往往都有发达的私营部门网络深深植入到高等教育体系，并通过商会链接在一起。但在较弱地区的小型和中型企业（SME）部门往往是不成熟的，而且那里没有得到很好发展的产业集群。在这些地区设有分支机构的国家和国际企业缺乏自主权来与高校合作开发新的产品和服务，也缺乏自主权为学生提供实习和就业机会。此外，高校和企业特别是中小企业，在其合作关系中体现着明显的缝隙（见第五章）。

总之，在经合组织国家范围内高等教育参与区域合作的环境非常不同。在那些治理和产业结构都不发达、欠缺区域领导力的地区，高校不仅需要响应区域需求，还要主动参与区域发展规划。至于高校是否有能力做到，这取决于高校内部的治理、领导和管理。

高等教育的治理、领导和管理

横向，跨部门机制

区域合作对于高校是一个挑战，特别是对设立时间较长、被组织在学术规范周围、沿袭供应驱动的议程的机构。第二章的框架设置重点介绍了管理教学、研究及其之间结合的横向机制。

大多数高校认识到教学质量、研究卓越性以及横向连接这些质量的副校长的重要意义，如有别于院长和系主任的学科角色。然而，在学术规范下教学和研究共同体去施加区域影响是很少得到认可的。

第三项任务活动可能是作为高级管理团队的一个成员的责任，但往往转交到管理中心的下属部分，如那些为技术转移的法律问题负责的部分。通过教学和学习促进知识转移的管理则移交其他地方。专门起媒介作用的单位，如科学园或继续教育中心，可以发挥关键性的作用——无论是在地区和学术中心之间搭建桥梁还是将混乱的商业世界和社区拒之门外。这些可供选择的模式哪个被采用，在很大程度上取决于该机构中最高层的领导。

区域决策中的高校：学术领袖的角色

高校在区域发展中的作用与它们在区域决策中的作用密切相关。在许多经合组织国家，高等教育领导人或其他代表在区域经济决策中正在发挥更明显的作用。学术人员在区域机构的参与增加、和区域管理机构的联系也越来越多，如区域机构、区域发展组织、城市和地区发展办公室、规划委员会和地方科学理事会。在一些公共项目和国家中，高校的参与是在董事会或管理经济发展的机构中是强制的。在大多数情况下，高校对区域需求的识别是通过对董事会的监督和建议来产生的，董事会里包括区域利益相关者和特别企业代表。然而，许多机构仍然非常消极，并将它们的国家和国际角色置于优先地位。在某些情况下，学术带头人因为害怕表现出停留在地方层面的狭隘形象，建议不要进一步涉入地方事务。一些社区和城市也可能不愿意在制定政策方面借鉴高校的专家意见。

无论高校所采取的方式是什么，区域合作涵盖一切的性质都意味着区域合作是高校领导者的一项责任。学校领导者可以整合学校功能和学科领域，代表该机构的观点。在许多城市和地区，校长和副校长是关键的地方精英成员，参与了许多论坛。同时，个别学者或其他工作人员可能作为商业或社会企业家活跃于城市或地区支持的项目中。但在很多情况下，高层次管理和学术界人士的行动之间很少有关系。事实上，机构的习惯和传统做法可能成为机构进行更加系统参与的屏障。

高校内部的体制障碍

高校内部存在许多体制上的障碍。第一，缺乏对个人的奖励。很少有院校认识到区域合作是学术提升的基础之一，这是典型地基于学术卓越性，而这种卓越性反映在同行审查的出版物以及对创新教学或学术管理的偶然赞赏。

第二，往往没有足够资源支持理念发展变成产品或服务，更不用说，建设原型或药物测试的转化研究设施。

第三，知识产权也可以成为学术界和其机构之间冲突的主要根源，即使国家立法环境是有利的。

第四，对于小企业和团体来说，持续进行专业性发展并不容易与传统的全日制教学方案融合，并要求晚上和周末教学，但这会侵蚀研究和学识的时间。最后，为本地中小型企业解决问题的研究（地方中小企业在明确描述其基本需要时有时会有困难）同样非常耗时，并且分散院校对于核心活动的注意力。

治理和管理

这些体制推动的障碍在支持区域发展方面在多大程度上是机构治理的传统形式的一个功能？在多大程度上是其他任务资金不足的原因？来自经合组织国家的证据表明它是两个因素的组合。

促进更多创业型大学的发展是许多国家新高等教育政策的目标（Clark，1998）[⑧]。有些经合组织成员国，如荷兰、奥地利、英国和丹麦，已经接受了新公共管理方法，原来管理的学院形式被取代了（如，选举的校长、院长和系主任），换成了由更强大和更公开的管理角色组成的系统，任命副校长或校长和院长。大家认识到，尽管需要给高等教育管理人员更多的活动空间，但减少监管负担也不一定必须马上进行。通过立法来改革体制治理方式的政府如果没有发生巨大改变往往不会让机构完全自主。

在过去20年里，荷兰当局的政策目标是减少对高校管理的规则和条例。有一项关于高等教育和研究的新法律的计划，显示出当局进一步放松了对具体程序的管制。然而，各个领域的自治权力并没有增加。新的政策问题有时带来了新的管制。此外，决定研究优先权的权力是掌握在国家组织手中的。

在丹麦，高校已被授予更多自主权去处理其业务，同时，教育部及其下属机构通过设定明确的目标、业绩合同和监测结果来垂直地指导这个系统。丹麦的改革引入了更大范围的分散化决策模式，并减少了细节上的规定，但保持了中央指导和监督的有利因素。我们希望确保大学有能力掌控扩展后的自主权，这种希望导致了新法规的产生。[9]

自2004年以来，日本国立大学转变成了国家大学法人，有权力拥有土地和建筑物，并雇用工作人员。教师已不再是公务员，这一点增加了就业和发放工资的灵活形式。这种变化有助于为大学——产业合作而非个体公司引进资金。在过去5年，大学与产业合作变得更加广泛了，扩散到了小型创业公司。据预计，规模较小的公司将逐步减少对规模较大的公司内部研发的依赖。约70%有研发活动的公司参与到了与大学合作研发的某种形式中。改革也鼓励灵活性，批准大学研究机构的教授在研究机构中以兼职的形式领导研究。

在一些经合组织国家中，高校在使命、学术形象、方案措施和管理人力资源和基础设施这些方面的自主性（相对于学术人员的自主权）有限。控制高等教育不动产的能力在城市和区域发展过程中是一个关键性的资产，它作为一个重大的财政资源往往是由中央政府保留。

在大学治理并没有更大程度的改进的地方，中央政府常常指望新的院校，尤其是专科院校，来承担区域发展任务。这种机构被强有力地管理着。驱动高校支持地区的外部机制由于多种绩效指标的使用而得到很好的调整。然而，这些院校也典型地缺乏具有转变区域经济能力的强大研发基地。在这种情况下，释放具有全球影响力和地方参与的高等教育的能力，需要强有力的院校间的合作——这对领导力提出了进一步挑战。（见第八章）

提到创业型路径，并不表示这是以保证所有高校都能够积极地参与区域合作的适当模式。有较多自由行动权利的组织，可能会更愿意追求国际地位，而非地区利益。学术带头人面临的挑战是处理来自高等教育内部不同理性观念以及与商业和社区合作所产生的压力。领导的责任是提出一种综合的方式，使得高校在回应地区需求的同时也成为区域发展的动力，还能够保持独立而强大的学术中心地位。

表 3.1 总结了上述压力和解决办法（Vestergaard，2006）。第一，就政府和其他外部机构的角色而言，高等教育理性是关注学术独立，而商业理性是关注与科学、商业和社会之间的密切联系。其综合就是两者互动，但依然保持高校在基础科学领域中长期创新的学术核心地位。第二，在高校和外部世界的任务分工方面，高等教育理念并不涉及将研究成果转化为产品、服务及公共政策，而在商业驱动的逻辑中，高校需承担的与其他机构并无二致。两者的综合即物理上（如校园）和功能上（如学生企业）的交叉结合，但却有着谨慎的界限管理。第三，在从事活动方面，高等教育理性要求学术独立，但商业理性将高校放在"创新工厂"的位置，由商业、社会和政府的利益驱动。两者综合意味着高校成为新知识的摇篮，在与用户的合作中将知识应用化。最后，在角色和责任方面，高校是真理的捍卫者和创新的推动者，但在实际应用中，高校在三种理性观念下都有一个活动和职务的组合。

表 3.1　高校的外部合作

	高等教育理性观点	社会和商业理性观点	综合的理性观点
政府角色	保持距离	密切互动	密切互动但谨慎管理
任务分配	教学和研究：高校 商业化：其他部门	教学和研究：高校 商业化：高校	教学和研究：研究人员 商业化：学生和私人合作者（校内）

续表

	高等教育理性观点	社会和商业理性观点	综合的理性观点
从事活动	保卫真理	创新工厂，创新供应链的关键环节	创新摇篮
角色和责任	独立的学术之地	有责任的学术之地	真理保卫者，创新推动者

改编自 Vestergaard，2006.

结　论

通过回归到高等教育政策和政府促使高校增加区域贡献的监管手段，本章对区域合作的壁垒进行了合理的总结回顾。有一点很清楚，高等教育面临国家政府在公共服务上作用普遍下降的趋势。经合组织目前研究的参加国中，澳大利亚、荷兰和英国尤其强调这一点。

对于高校来说，国家作用的下降意味着更强的管理压力和为了获取更多自治而对绩效目标的接受。单一目标的公共组织的兴起也同样重要，它们在政府目标指导下进行自身的运作。在劳动力市场、经济发展、提供文化和健康等领域中，很多这样的组织有区域结构和责任，并从高校获取帮助它们达成目标的资源。这些组织创造了很多当地和地区性的网络和合作关系，期望高校参与其中。高校为区域特定产出而投资的短期项目滋养着这些合作关系。结果中央政府以"公共利益"的名义直接管理高校区域合作体系发展的能力和愿望被弱化。虽然政府想要在这些不同的组织之间保持中立，但如果不考虑高等教育，那么通常很难弄清谁是区域治理（国家的/区域的/地区的）层面上的指导者。

不是所有国家都顺应这一趋势：公共服务市场化、采纳新兴的公共管理和网络化管理以及/或运用该模式来监控高校的社会角色。法国和德国维持了强大的公民服务和精密的行政管理体系；而西班牙和很多深受军事政权影响的拉美国家则追求高等教育的民主化，并强调高等教育的社会责任而不是在市场中的位置。

本章强调了高校区域合作在国家政策、区域自身和制度层面的壁垒。

很明显，这对所有层面的参与者都是困难的进程，而且没有万能钥匙可以解决所有困难，也无法一下子创造一个完善的区域发展和高等教育体系。政策和做法正在并且不得不在尝试和错误中，在行动和学习中得到发展。

注　释

①在这方面，牛津大学和剑桥大学所在的英国以及哈佛大学和麻省理工学院所在的美国是例外。

②实例包括：a）20 世纪 50 年代到 70 年代芬兰东北部新建立的大学，和 90 年代建立的芬兰高科使得高等教育部门规模翻倍；b）瑞典高等专科学院升级到大学的网络；c）目前在英国广大的农村地区，诸如坎布里亚郡、康沃尔郡和萨福克郡新建大学的计划，和最近建成的林肯大学。在澳大利亚，那些因为移民而人口增长快速的宜居区最近被指定建立新的大学，如昆士兰的阳光海岸大学。

③那些实施基于绩效的分配机制的国家采用了大量指标。那些与学业完成相关的指标包括学生毕业率/完成率、学分数量、平均学习期、毕业生与新生比或学位授予数量。其他指标关注学生的劳动力市场产出：毕业生就业率，与在何种程度上学生就业领域与学生专业或学生专业考试表现相关。一些国家从利益相关者（如雇主、学生、政府、社会组织）的角度，考虑项目的效率，包括对于毕业生质量和满足需求程度的评估以及学生的满意度。

④Aimhigher 是英国一项国家项目，目标是加大对高等教育的参与。它由英格兰高等教育拨款委员会运营，并得到英国教育技能部的支持。

⑤最近名称的改变显示了第三职能从广义到狭义的转换。

⑥目前经合组织的回顾中，例外包括一些由欧盟基金设立、现在成为高校主流的硕士项目。例如：芬兰中部 Jyväskylä 信息科技大学于 20 世纪 90 年代开办了一些硕士项目，与经济衰退相抗衡，并建立知识经济。

⑦在英国，英格兰高等教育拨款委员会发起了"高等教育和经济社会的互动"调查，其中覆盖了很多指标，但最后委员会决定只用机构总收入指标来决定分配。

⑧依据伯顿·克拉克的观点，"创业型"大学能够在政府规定的体系中能够自主决定命运。这些机构的核心特征是"扩张的发展外延，巩固的管理核心和独立的学术中心"。

⑨对丹麦的日德兰－菲英地区的同行评审记录中有如下记载"虽然已经建立新的管理体系来促进更多创业型大学的发展，……同时政府继续对其实行强有力的控制。诸如新的学习项目的上马、课程评估、举办国际活动、建筑所有权和人力资源开发等事务都被政府部门所控制"。

第四章

区域及其高校

　　本章是经合组织研究的实证部分：一系列关于高校参与区域合作的深度案例分析。我们对 14 个地区进行了自我评估以及外部评论，以此探究高校与所在地区进行合作的因果关系和过程（OECD，2007a）[①]。案例研究讨论以下问题：有关地区发展的国家政策和高等教育在其中所扮演角色；区域本身的特点；区域内的高等教育；以及高等教育与所在地区之间关系的发展轨迹与成熟程度。案例区域之间存在显著差异，如地区的人口和地理面积，高校的数量和类型以及高校在区域发展中的参与程度。

澳大利亚

区域发展与高等教育

　　澳大利亚是经合组织成员国中较为富裕的，并且有着高 GDP 增长率、低失业率和稳定改善着的生活水平。广泛的改革加速了经济从一系列冲击之中恢复过来，如 20 世纪 90 年代末的亚洲金融危机以及全球在千年之交的经济滑坡。在相当长的时间内，在面对 2060 万老龄化并且急需技能提升的人口时，该如何维持经济增长是澳大利亚所面临的最关键的挑战（OECD，2006b）。

　　澳大利亚拥有联邦体制的政府，立法权由联邦政府、各州以及各个地区共享。"区域"的概念用于描述这样的地理范围，它们拥有共同利益的社区且面积小于州却大于地方政府辖区，澳大利亚并没有统一指定的区域划分，具体情况要视机构与政府管理和计划的要求而变动。

　　澳大利亚的高等教育系统下辖 37 所公立或私立的大学，1 所经过认证的海外大学分校，此外还有 4 所自治并且自我认证的高等教育供应方。高校学生，包括相当数量的海外学生，共有 95.7 万多人。全国范围内有 119 座大学校园，其中 42 所位于大城市地区，剩下的则分布在农村以及非大城市的市镇中心。州政府对于大部分大学有立法责任，因而可以对大学管理的安排作出指示；联邦政府则对高等教育负有财政以及政策责任，并在过去的十年里一直推动大学变得更加不依赖于公共财政的财政独立。因此，大学在获取资金上采取了更为商业化的途径，并且资金中来自学生学费的比例增加了。

　　在主要的城市中，高等教育有集中的趋势，这正体现了澳大利亚较高的城市人口比例。非都市地区的高校则有着截然不同的区域划分，它们中的某些在城市中也有校园存在，并且通过吸引海外学生和喜欢城市环境的本土学生反过来资助农村校区。资金用来偿付非城市地区不断增长的各项成本。所谓的区域津贴用于资助那些在合适区域设有校区的高等教育提供者，用来补偿这些校区对于地方和农村社区所作出的独特贡献以及由于它们所处地点、规模和历史所带来的较高成本。地方校区可能也有着有限的收入多元化潜力，更小的争取付费学生的能力以及无法为商业合作提供更多机会的更薄弱的产业基础。在 2007 年，澳大利亚政府为区域津贴投入了 2990 万澳元。

　　在 2005 年和 2010 年之间，澳大利亚政府通过协作与机构改革基金（CASR）提供了 5100 万澳元的资金，用于推动高等教育领域的机构改革，特别是地方区域的大学、企业和其他第三级教育提供者以及社区之间的协作行为。在两年的运营中，协作与机构改革基金已经资助了若干项推动地方大学之间的协作以及它们与本地社区之间联合的项目。举例来说，阳光－弗雷泽海岸大学、塔斯马尼亚大学、新英格兰大学和查尔斯·达尔文大学获得的资助使得它们能够集中印度尼西亚语教学和课程开发；提供给格里菲斯大学的黄金海岸校区的资金，用于在黄金海岸技术与继续教育学院（TAFE）的协助下弥补当地的技术人才匮乏；南昆士兰大学得到了协作与机构改革基金的资金，与查尔斯·斯图尔特大学合作进行酒科学的联合学士学位的开发与颁发；塔斯马尼亚大学则与塔斯马尼亚西北部摇篮海岸区当地政府合作，获得了资金用于建设企业与区域发展学院。

通过一些主动行动，区域联合进一步加强了，比如澳大利亚大学社区合作联盟（AUCEA）获得了澳大利亚政府通过协作与机构改革基金提供的建设资金的项目。澳大利亚大学社区合作联盟在社区联合与区域发展中扮演了领导角色，为同行和社区的讨论和标准的制定提供了很多机会并推进了澳大利亚境内社区的社会、环境、经济和文化发展。

地区：阳光－弗雷泽海岸

坐落于昆士兰的东南部布里斯班北部的阳光－弗雷泽海岸是一片发展迅速的海岸地区，它是组成澳大利亚联邦的六个州和两个区之一。昆士兰的人口超过 400 万。从统一性上来说，这个地区的构成是松散的，它缺少一套单一的治理结构，而是许多地方政府并存。地区总体上的愿景和领导主要是由当地政府的地区组织负责，而各地方政府都是其中的成员。

阳光－弗雷泽海岸包含了一片高速增长的南北向海岸上的平地住宅区，一条中心交通走廊以及一块内陆贸易区，内含一个中等规模并不断减少的农业基地。总人口 40 万，有望在接下来的 20 年里增长到大约 65 万。该地区的吸引力来自于其生活质量以及由气候、休闲设施和自然环境享受，再加上相对较低的居住和生活成本所体现出来的愉悦。该地区正在经历迅速的人口老龄化进程，因为有相当数量的老年人移民到当地以尝试生活方式的转变。大约 29% 的当地人口达到或超过 55 岁。这一情况同时由于有劳动能力的成年人外流而加剧了。

本地的经济多样性很有限。微型企业、中小企业以及公共部门占据了统治地位。对于新增人口的依赖支撑了局限于家政和商业组织、旅游和个人服务的经济结构。本地区几乎没有制造业和农业活动。一些正在实施中的新举措尝试将本地区的经济基础多样化，增加那些拥有比较优势的部门和产业，如休闲和体育、家居设计、食品和营养以及旅游行业。尽管没有南方黄金海岸和北昆士兰那样有实力，旅游仍旧是当地出口产业中的主要形式。虽然赫维湾有着很强的国际导向，但是它吸引的大都是背包客。

阳光－弗雷泽海岸的高等教育

阳光－弗雷泽海岸有两个相对较新的校园大学，但都较小且涉及范围有限：阳光海岸大学和位于赫维湾的南昆士兰大学威德湾校区。两所大学之间的合作虽然只在开展中，但是已经出现了一些正面的效果。

高等教育和本地区间关系的发展轨迹与成熟程度

大学对于地方建设最核心的贡献是通过针对当地劳动力市场的课堂设置来实现。大学有着很强的响应性和企业家精神的文化。它通过各种方式，包括职员奖励体系，以及建立类似于地方联合委员会的组织结构以支持他们作出反应。大学同样在开发地区研究焦点问题，但是基于的是更低的基础。地方合作关系的发展和文化贡献会受到资源缺乏的限制。对于构造知识密集型岗位的贡献将会使毕业生留在社区内。然而，能够让地方大学担负起这一职责的资金非常有限。

巴　西

地区发展与高等教育

巴西位列世界十大经济体之一，名义国内生产总值（GDP）达9000亿美元。它不但是美洲仅次于美国的第二大经济体，在发展中国家中也仅次于中国。凭借着超过1.85亿人口和大约4000美元的人均年收入，巴西拥有拉丁美洲最大的国内市场。从20世纪90年代中期以来，（巴西）在维持宏观经济稳定和经济改制方面取得了长足进展。巴西的 GDP 增长率（从 1995 年起平均大约每年 2.5%）需要进一步提高以弥合同经合组织成员国之间不断扩大的差距。更快的增长需要在商业领域加大创新，加快正规劳动力市场利用率以及缩小各个层次接受教育的差异。但是从经合组织的标准来看，巴西的研发密度仍然很低，政府和公立大学从事的研发占据了主导地位（OECD，2006c）。

巴西人口分布于 850 万平方公里的广袤区域。近些年来，巴西经历了对州和地方政府的高度放权。联邦宪法确保巴西联邦共和国下辖的各个政府管理层级的组织都有相对的独立自主性。未来经济增长需要显著的宏观经济政策开放以及一个新的基于竞争转型、社会公平和可持续发展的社会与经济发展模式。

巴西拥有三个层级的政府：联邦、州以及市。27 个州有着一定的自主权，但是在实际操作中自主权还是有所局限，因为征税的权力取决于联邦政府。5562 个市政府中的 2/3 规模较小且依赖于州政府和联邦政府的转移支付。它们缺少对知识经济和高等教育或者研发行为的投资能力。

巴西全国有 5 个自然区划，而大部分人口（43.6%）和经济活动（GDP 的 55%）集中于东南部。地区之间存在不均衡，东北部的人均 GDP 不到最发达的东南部的 40%。

为了提高创新产出，拓展受教育机会在任何层面上都是重要的。这在高等教育层面特别重要，因为这一领域的人才缺口正在恶化：18—22 岁年轻人中只有 7.6% 接受了高等教育。多样化的高等教育系统被以盈利为目的的私立院校所主宰，而它们正是近些年高等教育供给扩张的主要原因。全国 1859 所院校中有 1652 所私立院校和 207 所公立院校。联邦政府运营的院校占公立院校总数的 40%，州政府占 31%，市政府占 28%。在所有高校中仅有 163 所大学，比例不到 9%。私立院校就读的学生在标准化测试中普遍不及公立院校的学生。私立院校同时专攻低成本的管理和人文学科，而这些并不能改善科学和工程学方面的技术不均衡情况（OECD，2006c）。

教育部负责教育事务，确保相关治理法律的质量和完备性。在实践这一责任的过程中依赖于来自国家教育委员会的合作。然而，州和联邦特区可以对辖下高校所管控的项目作出授权、认证、颁发证书、监管以及评估。联邦、州和市各个层级的政府被期望能够在教育系统的机构中相互合作。

地区：北巴拉那

巴拉那是一个坐落于巴西南部的州。它凭借占总人口5.6%的960万人口创造了巴西6%的国民生产总值（GNP）。主要城市库里提巴拥有近200万城市人口。它正迅速成为巴西汽车产业新的投资目的地。

就像巴西其他州一样，巴拉那州被划分为各个市。为了便于分析，本州被划分为十个并没有正式政府存在的地区。其中一个是中北部巴拉那，人口占巴拉那近20%，是州内第二重要的部分，仅次于库里提巴都市区。这一部分由71个市级单位组成，其中包括马里尼加和隆德里纳（Londrina），仅次于库里提巴的两大城市，分别拥有巴拉那两所州立大学的其中一个，并且这两个城市都在凭借自身努力促进所在地区的发展。

关于北部巴拉那的具体构成并没有明确的一致意见。尽管如此，人们普遍认为其区域坐落于隆德里纳——马里尼加的沿线，覆盖了一片广阔的领域，其外延至少涉及三个中心地区：西北巴拉那、中北巴拉那以及北先锋中心区。因而北巴拉那区划分不清，也并没有正式的政治或者管理机构。另外，巴拉那州的融合也受到限制，这是由不同的移民居住模式导致的。在20世纪50年代，这一地区的移民和发展主要由咖啡豆种植业所驱动，而这一产业从20世纪70年代中期就衰落了。从20世纪80年代以来，北部巴拉那经历了来源于农业产业链价值的经济繁荣，并伴随着服务和其他工业产业的多样化，如制衣、纺织、家具、食品、酒精、塑料和机械零件等。

北巴拉那是巴西生活水平最好的地区之一。从20世纪70年代以来，尽管它在经济和社会方面表现有所进步，但是在巴拉那州各个地区之间的相对名次却有所下跌。事实上，相比州经济甚至国家经济，这一地区的经济对于由技术驱动的高增长有着更为明显的潜力，特别是在生物技术、生物能源、消费品以及农业食品生产方面。

北巴拉那的高等教育

巴拉那是少数几个州立高等教育系统规模大于联邦系统的州。州立教育系统下辖151所高校，其中公立22所，私立129所。它们合起来占本国南部地区高校总数将近50%。在州府有一所国立大学，5所州立大学和大量私立院校。有两所州立院校坐落于巴拉那北部地区：隆德里纳州立大学和马里尼加州立大学。它们合起来占整个巴拉那州立大学入学人数的50%。此外，还有大量的私立高校在州立大学之外补充着学术供给。

增加入学机会仍然是本地的一个重大挑战，因为当地只有4.7%的18—22岁年轻人能够接受高等教育，这一数字大大低于巴西的平均水平（7.6%），也大大低于其余拉丁美洲国家。

高等教育和本地区间关系的发展轨迹与成熟程度

地区的未来目标是以知识为基础的发展，而这一点离不开本地高校。高等教育和社会、产业之间以及高校之间的系统沟通渠道仍旧受到协作匮乏的限制。其他问题则包括，高校组织灵活性有限，缺乏对区域创新联合的财政激励体制化的系统，区域内中小企业的预见性和能力有限，研究基础设施落后，地区创新政策缺乏。在马里尼加和隆德里纳这两个主要城市之间，维持更加紧密的合作关系对于实现规模经济仍旧是非常重要的。

加拿大

地区发展与高等教育

加拿大是经合组织较富裕国家中的一个，拥有GDP的高增长率和低失业率。本国有3260万人口，其生活水平在经合组织成员国中属最高之列。随着人口中劳动人口的比例即将开始减少，更高的生产率增长和充满活力的商业环境，以及明晰完整的国家科技政策，外加技能水平的提高都将是必要的。

全国人口分布于近900万平方公里②的广袤土地上，平均人口密度仅为3.3人每平方公里。加拿大有较大的地域差异，在温哥华、蒙特利尔和多伦多这样具有多样化的丰富知识环境和国际联系的大城市之间存在着较大集中趋势。自 1971 年以来，人口有着稳步增长，平均每年略少于 1%。

　　加拿大有两个层次的独立政府：联邦政府（加拿大政府）和十个省级政府。此外还有三个区级政府，它们拥有部分省级政府的权力，以及上千个市政府。分离独立的地区政府体制并不存在。联邦与省级政府被赋予不同的宪法权利，但某些仅限于联邦，其余一些仅限于省级，此外还有部分是共享的。加拿大议会和省级立法机关再加上加拿大政府和省级政府担负起改善加拿大人民享受福利的平等机会，推动经济持续发展以减少机会的不均等，并且为所有加拿大人民提供优质的核心社会服务的使命。此外，议会和加拿大政府需要遵循公平支付（转移支付）原则，以确保省级政府有足够的收入在大体相当的税收水平下提供大体相当的公共服务。

　　教育是每一个省级政府和地区政府的职责。加拿大教育内阁（CMEC），一个由教育部在 1967 年组建的跨省组织，作为一个讨论各省和各个地区教育政策事宜的论坛而存在。联邦政府在资助研究、为学生提供财政支持以及通过间接经费支持中等后教育方面发挥着重要作用。这一高等教育二元体系包括 157 所公立大学和 175 所经过认证的公立社区学院以及技术院校。全国共有高校学生 150 万，其中 100 万人在大学就读。大学总体上是自治的，而学院中被政府直接管理，其校董事会包括一部分社区利益相关人。这一教育体系的特点就是人力资本和竞争的高度流动性，特别是研究经费。管理体制、组织体制、工资等级、招聘以及晋升标准在院校与院校间是不相同的。高校员工不被视为公务人员。大学非常抗拒自上而下的计划，并且反对政府对它们的事务直接干涉。

地区：加拿大大西洋省区

　　加拿大大西洋省区包含了三个沿海省，新斯科舍、爱德华王子岛和新布朗斯维克省，以及 1949 年新加入的纽芬兰和拉布拉多。加拿大 3260 万人口中有 230 万（7.1%）居住于大西洋省区。加拿大的人口从 1971 年以来就稳步增长，而大西洋省区的情况却更加多变。这一地区的人口直到 20 世纪 90 年代中期还在增长，但是从那以后就停滞并开始下降。最大的下降发生在纽芬兰和拉布拉多，主要因为经济机会的缺失，但是新斯科舍和新布朗斯维克也都在损失人口。同时还有人才流失，流动最厉害的都是教育程度最高的。本地区的外国移民比例显著低于全国平均水平。土著居民也变少，但仍旧在本地区占了相当一部分比例（约占2.4%）。

在过去100多年中的大部分时间里，大西洋省区一直比加拿大其他地区更加贫困，尽管这一差距在近几十年逐渐弥合。虽然各个大西洋省份之间在经济表现上有着显著差距，但是总体上来说这个地区在维持经济发展、人均收入、就业率和研发经费上有着很大困难。政府转移支付在加拿大大西洋省区收入中所占比例高于加拿大其他地区。服务产业在就业来源中占据统治地位。大西洋省区在能源领域和健康与教育行业的就业相比全国更为重要，而制造业与商业服务行业则不然。尽管这一地区内部市场较小，但是消费额、投资额以及政府收入由相对大宗的出口来维持，出口产值已经占到GDP近30%，并且还在稳步增长。

由企业主导的研发行为更易于被商业化并被转化为新产品和新工艺，从而产生创新并提高生产率。企业参与基础的技术改进以及新技术与技巧的采用和适当之中。事实上，本地区企业用于研发的费用占总费用的比例显著低于全国水平。尽管本地高校研究费用接近但仍旧低于全国平均水平，但新斯科舍例外，因为它的首府哈利法克斯是本地区研究和高等教育的中心。新兴的高科技制造业集中于哈利法克斯－蒙克顿－弗里德里克顿走廊，而哈利法克斯占据了主要份额。依据内生知识优势，研究活动往往和自然资源基地或是海岸地理相联系。在哈利法克斯有研究健康科学活动的集群，生物技术研究集群集中在爱德华王子岛，而信息技术研究则分布于整个地区。

尽管大西洋省区只是一个地区，它仍然"更多的是一个概念，而非明确的宪法实体"（Locke et al.，2006）。这一地区并没有宪法或是立法的基础，也没有独立选举、议院或者首府：它的出现只是为了某些方便政府操作的目的。这样一个松散的并且时不时会和其他省份有利益冲突的联合体，作为一个地区的执行力是有限的。只有非常有限的几个声音——其中有大西洋发展机会局（ACOA）——为加拿大大西洋省区去和联邦政府或是其他省政府在政府间议题上发声。大西洋总理理事会的存在是为了探索省份间可能的联合行动，比如协调规章体制，尽管如此它却无法独立于省份行动。

大西洋省区的高等教育

从加拿大全国标准来看，本地区的受教育程度较低。全部四个省份的大学毕业生都是净流出的，而纽芬兰和拉布拉多有着最大的流失。

大西洋省区的中等后教育系统拥有17所大学和4个社区学院体系（共计50个校区），在读学生15.3万人：9.6万人在大学而5.7万人在社区学院[③]。高校的范围从占据毕业生相当部分的全日制大学（如戴豪斯大学、纽芬兰纪念大学以及新布朗斯维克大学）到小型的文理学院（如蒙特爱立森大学）和社区学院都有涵盖。就算考虑到这些主要大学的质量和规模，在全国范围来看它们大都只是小角色。

绝大多数高校对于为社区提供服务以及参与地方、省、区域联合的重要性都有着明确而详尽的认识。这种联合事实上更多的是自愿而非强制的，至少对大学是这样。坐落于较小社区的大学所带来的经济影响是可观的。比如，阿卡迪亚大学为新斯科舍省沃尔夫维尔的社区创造了大约43%的就业岗位以及62%的收入。就算在较大的社区里，大学的经济影响也是令人印象深刻的，比如阿卡迪亚大学与纽芬兰和拉布拉多的圣约翰斯7%的就业和6%的收入有联系。社区学院为大西洋省区直接和间接地创造了大约10万个就业岗位。此外，它们在本地区产生了大约17亿加元的经济产出效应，并且带来了3000万加元的研发支出。它们在应用科学方面也显示出了可观的能力。

除了大西洋发展机会局通过项目——比如促进社区学院和大学企业精神和商业技术研究（参见第五章和第八章）的大西洋创新基金——提供投资外，联邦政府凭借它在研究基金和它辖下的机构与院校方面所拥有的影响力也占有重要的地位。[④]四个国家研究理事会实验室加上加拿大创新基金会以及其他资助团体——例如自然科学和工程研究理事会或者加拿大健康研究院——是研究经费的另外几个主要来源，并由此影响着高校的研究安排和学术上的优先重点。联邦政府并没有义务与省级或者地方政府协调行动，尽管它常常这么做。

高等教育和本地区间关系的发展轨迹与成熟程度

在许多社区里，本地大学校园和社区学院是社区活动的场所，也是经济发展的驱动。许多较小的社区经历了人口的下降，而且可能会持续下降，这威胁到了对于经济发展来说核心的基础设施与院校的存在。地区内对于稀缺资源和不同优先考虑的竞争迫使合作成为区域成功的核心内容。大面积地理区域内高等教育系统的复杂性已经在四省范围内调动起了一些主要针对高等教育内部不同部分间的协调性组织和游说团体。

丹 麦

地区发展与高等教育

丹麦是一个只拥有 530 万人口的北欧小国。它的经济状况良好，正受益于 25 年来成功的经济改革所带来的成效，拥有完善的宏观经济政策与灵活的劳动力市场。在经历了多年较慢的增长后，丹麦经济增长在 2005 年恢复到了 3%，失业率达到历史新低。从长期看，不断减少的劳动力以及老龄化引起的开支的增加使得目前的公共福利体系难以为继。尽管丹麦经济恢复能力强，但是它在一个关键性弱点即在优化人力资本结构上进展缓慢。在 25—34 岁人群中，只有 86% 接受过中等后教育。为了享受到全球化的好处，丹麦需要振兴它的教育体系并且发展高等教育和企业在研发上更为紧密的联系（OECD，2006e）。

丹麦正在经历向服务和信息经济的迅速转变，而这也伴随着人口向大都市地区和主要大学所在城市的集中，而它们拥有着绝大多数高教育程度人才以及研发活动。于是，在技术和知识为基础的发展方面存在着地区不均衡。总的公共和私人研发开支中的大约 2/3 投放到了哥本哈根地区。根据 2015 年劳动力市场规划，哥本哈根区和奥尔胡斯郡对劳动力的需求将有大约 8 万人的增长，而本国的其余地方则将有 4 万人的减少。

丹麦处于欧洲地区内不均衡程度最低的国家行列，而它的区域政策更多地集中于加强地区间竞争而非平衡。此外，丹麦区域政策的核心部分是由欧盟和各种结构基金所决定的。20 世纪 70 年代以来，过去曾以城乡差距为代表的区域间不平等，已经由于产业结构变化以及公共服务增长而降低。于是，1991 年原有的区域政策的核心被废止，焦点转向了就业。一个特别干涉体系出台了，不再增加来自中央政府的转移支付，而是鼓励国外投资的流入以及企业创新，从而将经济发展与本地资源相联系。1995 年，对地区企业发展结构环境的改善成为主要目标，而每个地区的独特优势也亟待被认识。2001 年，引入了另一个明确的战略目标：区域均衡。因此，一个旨在重新分配以促进平衡的结构基金出现了：资金导向奥瑞松德的欠发达地区以帮助重新平衡整个地区的发展，其余的基金则流向了日德兰－菲英（OECD，2003b）。

最近，焦点又转移到了以刺激知识为基础的增长，区域行动计划（2004）的目标是：①将研究、技术和创新加入区域议题；②推进区域知识组织和产业之间更为紧密的联系；③促进区域范围内能力的提升；④培养全国范围内以知识为基础的企业精神。

欧洲式的区域政策凭借相应的区域化处理而达到：通过发展区域战略和伙伴关系，各郡和它们的社会伙伴在产业发展和新的就业机会的创造中扮演了积极的角色。地方和区域管理正经历着一年转型期后从 2007 年 1 月正式生效的体制改革。市政府的数量减半并且废止了 14 个郡，取而代之的是 5 个新的大区和随之而来的新的责任。大区将继续推行区域发展，但它们失去了郡所拥有的征税的权力。这一改革导致了更大区域的诞生并且采纳了如下原则：公私之间通过建设由各市政府、地方贸易和产业界、教育与研究院校以及劳动力市场团体代表参加的永久性的发展研讨会树立伙伴关系。区域理事会和区域发展研讨会将为它们所在地区发声并且作出合作的努力以设定优先事宜，并且申请国家资助和进行政策游说。地区的处置方案能够获得的财务资源以及它们能够对市政府和国家政府政策制定的影响程度仍旧是个未知数。

与大多数经合组织国家不同，在丹麦第三级教育的责任中三个部门分担：科学、技术与创新部对 12 所研究型大学负责，教育部对大学以外的第三级教育负责（55 所院校），而文化部对专长于不同文化领域的第三级教育机构负责。这一以中小企业为基础的经济体是竞争性的，而且还提供了得到良好开发的终身学习和在职培训的机会。目前，存在着一种压力促使高等教育体系通过一系列合并来更加合理化，而这将带来院校数量的减少，从而加强这一领域的全球竞争力。

丹麦的理想是通过将全球化提供的机遇资本化来使其发展成为领先的知识社会。这包括发展世界一流的教育和研究体系，加强研究和产业之间的协作，创造强烈的企业精神文化并确保信息与通信技术（ICT）以及电信技术的迅速传播和普及。焦点集中于结构环境和知识体系不同部分之间的关系上。在大学，这一改革为决策权下放带来了更大的余地，与此同时又维持着强有力的中央引导和监测。丹麦大学已经成为一个公立自治实体，拥有一个成员大多数来自外界并且由指定领导者管理的董事会。所有的大学都与各部签署了发展与表现合约，明确了在研究、教育和知识传播领域以及与产业和社会协作方面的目标和产出。

丹麦大学法案为大学指派了第三项任务但却没有相应的收入来源来支持这一工作。目前的回报体系偏重于哥本哈根区。相当一部分资金（40%）通过竞争来发放，而这可能会带来相当的成本，并且给院校带来过度的负担。

地区：日德兰－菲英

日德兰－菲英地处丹麦西部，包括日德兰半岛、菲英岛以及大贝尔特西部的一些小岛。这些地区构成了丹麦高达 77% 的领土，人口将近 300 万，占总人口的 55%。本地区有三个主要城市：奥尔胡斯、欧登塞以及奥尔堡；最大的城市奥尔胡斯，拥有不到 30 万人口。本地区没有整体的行政管理机构，而是通过 1998 年的日德兰－菲英商业发展合作被整合到了一起。因而，日德兰－菲英地区结构松散，包含拥有独立决策能力的 8 个郡以及 173 个市。2007 年 1 月，3 个大区取代了这 8 个郡。新的大区中的每一个都有区域增长研讨会，而它们显示出对于发展与合作的关键作用。

日德兰－菲英有一个多样化的产业结构。它曾长期是丹麦农业的大本营，主要从事畜牧业、谷类种植以及园艺。近几十年，农场的数量有所减少，而高度专业化的农业现在只雇用了劳动人口中的一小部分。每四个人中就有一个在制造业或是建筑业工作。在农业企业、家具业、纺织业以及制衣业、船舶制造和工程技术、信息与计算机技术、能源和环境技术方面都有明显的产业集群出现。这些公司的主体是中小企业。尽管总人口有所增长，经济活动人口的比例却在不断减少。在1994—2001年，有9万个新增岗位，因而失业率降低至3%。

本地区的产业正在迅速向服务与信息经济转变。今天，服务业占据了日德兰－菲英地区经济总量的68%（在哥本哈根区则是83%）。公共和私人研发开支的大约2/3都投放到了哥本哈根区。奥尔胡斯郡位列其后，占据私人研发的10%和公共研发的15%。丹麦西部正规教育水平较低。在哥本哈根区，28%的人口接受过二级后教育，而在日德兰－菲英相应的数字是19%。此外，日德兰－菲英正经历人才流失，其知识型企业的数量也少于哥本哈根区。

相似的不均衡在日德兰－菲英地区内部同样明显。在过去十年里，丹麦发展最快的郡是日德兰中部的瓦埃勒郡和奥尔胡斯郡。日德兰的南部和北部则被甩在后面。这些地区有着居民外流、人口老龄化、劳动力市场参与不足以及失业率较高等特点。因而，相比丹麦东西部发展中的两极分化，日德兰－菲英区内部的分化更为显著。

日德兰－菲英的高等教育

日德兰－菲英有四所大学。那些与当地有紧密的联系且非研究型的高校不在这份报告的讨论范围内。在这些大学中，地区导向在较年轻的大学最为明显，即，成立于1974年，目前拥有1.3万名学生的奥尔堡大学；成立于1966年，目前拥有1.6万名学生的南丹麦大学；成立于1928年，目前拥有2.2万名学生的奥尔胡斯大学；以及成立于1939年的奥尔胡斯商学院。高校中还包括大量的职业培训中心。这些大学为本地区做出的努力大都针对各个更小的地区，并且仍旧以项目为基础，资金的来源各异，而没有一个系统的规划和发展。

高等教育和本地区间关系的发展轨迹与成熟程度

日德兰－菲英所面临的挑战是强化它们在全球知识经济中的地位，以抗衡奥瑞松德地区哥本哈根都市区的吸引力，正是该都市区集中了全国最多的受过高等教育的人力资源以及全国的研发活动。尽管丹麦经济充满活力，并且拥有灵活的劳动力市场和低失业率，但是西部地区明显比哥本哈根地区更脆弱。人才都被吸引到了首都地区。尽管向服务和信息经济迅速转变，丹麦仍旧对传统农业和制造业有着很强的依赖。全国范围内的不均衡在日德兰－菲英折射出来，拥有大学的城市地区正在发展，而更加乡村化的北部和西部则被落在后面。

经合组织进行评估时，丹麦正在进行组织、管理以及宪法上的变革该变革将深入影响丹麦的高等教育和地区。这些变革中有新大学法案的施行，包括指定的领导者和包含外部成员的董事会，当地和地区政府在权责界限与责任方面的变化，以及院校间可能的合并。这三个新的地区以及包含高等教育界代表的地区发展研讨会会成为发展和合作的关键。

芬　兰

地区发展与高等教育

芬兰是一个拥有 530 万人口的北欧国家，一半人口生活在 8 个城市区。它的人口密度低（每平方公里 15 人），外来移民比例低，并且是经合组织中老年人口比例增长最快的国家之一。在过去十年中，它的发展表现属于经合组织中最好的一批，其支撑正是强劲的创新表现以及高等教育的参与率。就像其他北欧国家一样，芬兰的公共服务得到了长足的发展。失业率降到了欧洲平均水平以下。经济由高增长的移动通信领域所刺激，但是依赖单一的行业使得经济在全球化背景下更加脆弱。进入 21 世纪以来芬兰的经济增长表现有了明显的削弱：信息和通信技术领域对于总体产出的贡献越来越小，并且就业率的增长也很有限。要维持住增长的趋势就需要广泛的改革（OECD 2005a；OECD，2006f）。

地方政府的双层体系包括 20 个地区和 416 个市。市政当局是健康、社会和教育服务最大的雇主与提供者。由于人口情况的剧烈变化，地区和区域政府正经历着一次重组。这些很有可能带来国家、区域和地区政府之间责任上的传递与权限分配的改变。

地区发展（1994 年法案、2003 年法案）聚焦于知识和项目导向的政策，其中就包括加强地区和企业的知识基础设施建设与创新的传播。今天，地区政策的焦点转向了加强城市竞争力以及维持一个均衡的不同规模城市之间的关系网络，而并非向城市的贫困地区直接提供援助。1994年开始执行的专业中心计划是区域创新政策的主要工具之一。这一计划的目的在于加强高校和企业之间的合作，开发高层次技术，为本地区吸引投资与人才并且改善本地为研发筹资的能力。作为区域政策的主要部分，政府的几个关键的部门已经确定了它们的区域发展计划。教育部的计划（2004年）确立并且加强了高校在区域发展中的角色⑤。（参见第五章。）

芬兰的双元制高等教育体系具有下列特点：广泛的入学，健全的公共财政和对学生慷慨的资助，并且不需要学费。它所代表的是一类经过规划的高等教育系统，院校在其中只有有限的自治权。大学是国家核算机构，大学员工则是公务人员，而教学资源的分配系统则更多地由劳动力市场需求驱动而非学生需求（Davies et al.，2006）。从规模上来说这一系统是稳定的，但从结构、分布和管理上来说则一直处于变化中。目前芬兰有10所多专业的和10所专科的大学以及26所理工学院。这两种类别学校之间的区别正在缩小。教育部最近施行了一项结构发展计划，旨在改革高等教育系统，包括高校间的合并以及更强的合作。

大学体系在各个地区的扩张以及在全国范围内理工学院的建设最终促成了高等教育地理上的可获得性。总的说来，芬兰的431个市中的80个拥有大学或是理工学院。开放的大学学习可以在全国广泛分布的大量单位中获得。随着人口在部分地区的减少以及向大城市地区的集中，原本密集的院校网络有可能会变得松散并且有全新的构造。大学的第三项任务是同社会互动，并且提升它们科学和文化行动的社会影响，而近来创建理工学院的目的就在于支持所在地区的发展。虽然教育部已经要求高校准备联合区域战略，但是却没有提供相应的机制来执行这些战略，无论是合作抑或联合区域项目。

国家关于研究和创新的议程所追求的是将芬兰建设成为世界范围内科学和技术研究领域的领导者，并且为经济发展，特别是在区域背景下的经济发展提供研发基础。芬兰的研发总经费是经合组织国家中最高的国家之一，其中高校，主要是大学，得到了总研发开支中的20%。为高等教育所提供的经费中的大约一半都流向了赫尔辛基地区，而来自芬兰国家技术局

（TEKES）的经费中只有 35% 主要投向应用研究的部分留在了这里。这意味着在首都之外的高校支持了本地的技术和经济发展（Davies et al.，2006）。

地区：于韦斯屈莱区

芬兰中部有六个地区，包括 30 个市。这一区域有 2.67 万人口，而这其中于韦斯屈莱区的人口就占了 60%（1.63 万）。这一次级的区域的发展是建立在牺牲芬兰中部其他地区利益的代价之上的。正如芬兰的其他地方，该区域存在着典型的区域内不均衡，中部地区高速发展而边远地区的财富不断减少，其特征就是人口的老龄化和人口减少。

于韦斯屈莱区是芬兰的核心城区之一。从 20 世纪 80 年代的大繁荣到陷入 20 世纪 90 年代的衰退，芬兰的失业率提高到了 25%，其后随之而来的则是迅速的体制改革。从 20 世纪 90 年代末开始，当地政府、高校以及企业界共同经过很多努力后创造了一种新型的知识经济，其中包括科学园、欧盟资助的大学硕士项目、高技术企业以及多学科的理工学院。

今天，于韦斯屈莱区是本国发展最快的城区之一，但是在关键指标上却落后于国家平均水平。举例来说，本地区的失业率持续高于全国平均值，其中包括严重的长期失业。社会包容仍旧有问题。芬兰中部整体上受到了现有企业生产力低下的拖累，这些企业以中小企业为主，对研发的投资也很少。

于韦斯屈莱区的高等教育

芬兰中部有两所高校，即于韦斯屈莱大学和于韦斯屈莱应用科学大学，共有雇员将近 3000 人以及 2 万名学生，这些人占芬兰中部总人口的 7% 和于韦斯屈莱城人口的 1/3。无论是从迥异的历史、使命和治理结构还是资助体系来看，这两所大学都非常不一样，而这正反映了芬兰双元高等教育体系的现状。

于韦斯屈莱大学是一所多学科院校，它培养的硕士同等学历毕业生数量位居全国第二。这样规模的硕士培养量已经超出了本地区的接纳能力，而最后 2/3 的毕业生到别的地区去寻求工作。它一直努力成为世界范围内重要的研究机构。然而 20 世纪 90 年代创建的于韦斯屈莱应用科学（即理工）大学更加融入了本地和本地的经济，这与其使命相契合。于韦斯屈莱应用科学大学提供学士学位项目，并且正在建设硕士层次的教学以及研发基地。超过 30% 的理工学校的学生来自于芬兰中部，而 60% 的毕业生在本地找到了工作。

高等教育和本地区间关系的发展轨迹与成熟程度

于韦斯屈莱地方经济增长的关键要素是高等教育的扩张。该地区从 20 世纪 90 年代初的经济衰退中恢复，关键在于当地政府、高校和企业界之间的合作。这个以于韦斯屈莱市为主导的地区可以充分利用欧盟结构基金提供的机会。关于投资知识经济（如硕士生项目）的决定，其中很多后来成为了大学工作的主流并且帮助它们建设了完整的信息技术学部。

芬兰区域发展系统非常复杂，包含多个方面并且由不同的行动者分担责任。层层授权、多重战略、主动提议、计划以及项目等一系列描述正是于韦斯屈莱地区区域发展的特点。与此同时，高校之间的合作也迈出了第一步。对于区域联合的激励以及院校自主权的缺少仍旧是当地高校面临的一大挑战。

韩　国

区域发展和高等教育

在过去的 20 年里，得益于高速的经济增长，韩国的人均收入从经合组织平均水平的 1/3 提升到了 2/3。经过 1997 年施行的体制改革计划，它的经济正经历着巨大变化。它正在经历异常迅速的人口老龄化进程，其速度在经合组织国家中是最快的。韩国生产率增长的关键就在于通过提升研发体系水平，加强服务领域的竞争力以及重构第三级教育来对创新机制进行升级（OECD，2005b）。

围绕首尔的首都区是经合组织国家中仅次于东京地区的最大的一块区域。20 世纪 60 年代以来，通过限制人口和经济行为向首都区集中来实现区域均衡发展被列入了政府的议程，由此带来了一系列自上而下的管制政策。2004 年，韩国通过了关于国家均衡发展的特别法律。随之而来的是一系列的政策倡议，如建设新的行政城市以及创建创新城市和企业城市。鼓励地方发展各自独有的新知识经济中的特色优势的政策就是为了使韩国为全球竞争做好准备。

此外，还有一些努力旨在提升韩国高等教育的质量和相关性，以更好地服务于竞争性的区域（以及国家）发展，其途径包括更多的专业化和多元化，使高等教育的教学和研究更加贴近经济需要以及各个区域的自身潜力。这种分权模式下有一个关键的角色，它就是经过改革的大学体系，首都区的研发行为的数量优势将会减弱，而这正是通过重点扶持区域创新大学工程（NURI）项目实现的。重点扶持区域创新大学工程旨在发展一些与地方经济特点相吻合的专业领域的课程，从而通过培养高质量劳动力来推动区域发展（参见第三章表3.1）。

韩国的高龄学生的高等教育参与比率高达80%以上，其综合的高等教育体系中大部分是私立学校（约80%），从种类上说则包括两至三年学制的职业学院、四年制大学以及专业大学（如理工学院、师范学校、技术学院）。高等教育受教育部和人力资源开发部监督，它们直接管辖国立院校并间接管理私立院校。对于国立院校来说，缺少预算灵活度和组织事务上的自主性成为了它们进一步联合的阻碍。院校间关系，如联合教育项目和研究合作，相对来说是近来出现的新现象。经过高等教育的长期扩张，韩国正面临着缩减教育行业的挑战，因为人口均衡正不断转变成为人口老龄化。

地区：釜山广域

拥有350万人口的釜山广域是韩国仅次于首尔首都区的第二大经济中心，也是东北亚最大的区域之一。它代表了经合组织中发展最快的国家之一的韩国以及世界范围内城市化最快的地区中城市发展的典范。

釜山经历了人口的扩张并且有着较高的人口密度。然而现在增长却停滞了，出生率很低而人口正在老龄化。同时这里还出现了移民的净流出。

釜山是韩国城市当中 GDP 第二大贡献者，但是它所占的比例正在下降，体现出本地区的经济正逐渐衰退。对于外来的冲击以及更慢而且更小的恢复步伐，显示出了釜山更大的脆弱性。本地的劳动力市场情况略微弱于全国平均水平，有较低的活跃度和较高的就业率。尽管韩国在经合组织国家中研发支出是最高的，但釜山在全国研发开支中仅位列第九。其研发主体的主要特点是在多种行业的小规模的研究实体。

在韩国经济的起飞阶段，釜山曾经是领军的产业中心以及国家增长的强有力的驱动者，主要凭借的是出口型产业，如造船业、物流、制鞋业以及纺织业。本地区经济先锋是港口，釜山也是全国最大的国际港口以及全世界五大集装箱港口之一。在对历史久远的产业进行了大量投资之后，釜山正面临着重构和复兴经济的挑战。

为了利用好两个相关的国家政策，即均衡区域发展以及地方分权，釜山正试图通过一系列经济增长的关键领域将自己改造成为"活力釜山"，并且建设成为复兴的文化中心以吸引对内投资、人力资源以及游客（OECD，2004）。

釜山的高等教育

釜山有 13 所大学和 11 所初级职业学院。这些大学中有 4 所公立和 9 所私立院校。[6]本地人口接受高等教育的比例很高，高中毕业生中的85% 进入高校就读，而全国平均水平是 81.3%。

高等教育政策的管理是高度集权的，而地方政府的角色则很弱。近来，韩国政府在每一个都市和省都创设了区域创新委员会，用以鼓励地方政府、高校以及民间团体之间进行对话。人们期望这一手段能够大大提高地方对于高校运作的兴趣以及对于本地大学和学院的需求。在 2004—2008 五年区域创新计划的框架中，釜山设立了区域创新局，其中包括了来自政府、商业协会、大学、研究机构以及民间团体的代表，期望这一机构扮演协作者和交流联系推动者的角色。

高等教育和本地区间关系的发展轨迹与成熟程度

相比韩国其他地区，釜山的高校参与区域联合的传统相当有限。尽管私立院校显示出了对于社区服务以及公民责任的较强观念，高校的高参与率与成人和终身学习以及社区联合项目并不相称。国家重点扶持区域创新大学工程项目为高校和地方带来了发展知识型产业的领先机会，并未为更广泛的联合打下基础。韩国应对均衡区域发展和高校区域联合的政策工具是一些令人印象深刻的政策举措。像釜山这样的地区或是城市，需要确立如何好好地利用它们的高校，而到目前为止高校所有的目的都仅仅指向首都的教育部和人力资源开发部。相当数量的经合组织国家的政策目标已然从追求地区间更大的平衡转向了给予次级政府更多的自主性以更好地执行地区开发战略。动员高等教育以支持区域发展将需要更大的自主性，不仅是地方政府自主性（以提供服务），同时也要提供给高校更多的自主性。

墨西哥

区域发展和高等教育

墨西哥是一个民主联邦共和国，拥有 31 个州和一个联邦特区，即政治以及行政首都。它是世界第十一大人口大国（1.03 亿居民），而且是一个有着超过 60 个民族的多文化国家。人口中的 75% 居住在城市地区，其中最大的是墨西哥城、瓜达拉哈拉和蒙特雷的巨型聚居区：在过去十年里，中等规模城市和卫星城市都有了很大发展。农村地区是高度分散的，在总共约 1.5 万个村落中，有 75% 的村落其居民不足 100 人。

墨西哥一直在追求健全的宏观经济政策，并且在体制改革上取得进展以开放经济。墨西哥是全球第十大经济体，但是人均收入只排名 68 位。它有着年轻并且处于不断扩张中的劳动人口，同时社会各层面的参与率都在增加。尽管有创新的扶贫转移支付项目，不均衡仍旧存在。生活标准落在了经合组织的平均水平之下并且还在下降，贫穷仍旧广泛存在。潜在的 GDP 增长太慢，无法弥合收入差距。墨西哥的人力资本是经合组织中最低的，而其教育体系并没有好到可以弥补这一落后之处。改善教育系统的表现在议程中仍旧位居前列，与之在一起的还有改善企业和投资环境以及改革各层政府间的权责分配（OECD，2005c；Brunner et al.，2006）。

以学生数量和各种院校数量来衡量[⑦]，墨西哥高等教育曾有过一次爆炸性增长。这一高等教育体系以其异质性而闻名：拥有 11 个子系统，它们在规模、性质和构成方面各不相同。这一增长在收紧的预算和学校高龄学生迅速增长的背景下延续了下来。事实上，墨西哥是经合组织中第三级教育参与率最低的国家之一[⑧]。

高等教育被视为墨西哥现代化的重要手段。前瞻性的公平战略和复兴的联邦制度在地区教育的增长中得到了体现[⑨]。在 20 世纪 90 年代，政策以缓和区域不均衡、刺激增长和区域高等教育分布为重要目标。新院校、新的技术大学、技术学院，理工大学的创建主要出现于与高等教育联系不紧密的地区[⑩]。（Brunner et al，2006）

高等教育的治理、协作和规范都是通过公共教育部以及各个州政府部门在联邦和州的层面上完成的。此外，州高等教育计划委员会（COEPES）管理着各地区的高等教育计划，并且对社区需要以及本地产业的需要做出反应。高等教育和产业之间的互动很少，连接高等教育系统与劳动力市场面临巨大挑战，而终身学习机会也亟待增加[⑪]。（Brunner et al.，2006）

地区：新里昂

新里昂州是地处墨西哥东北部与美国交界的战略要地。本地拥有 420 万人口，占墨西哥总人口的 4%。新里昂州是墨西哥各州中的第三大经济体，本地的人均收入显著高于全国平均水平。首府蒙特雷距离边境仅有 200 公里，是墨西哥第三大城市，也是墨西哥的巨型城市之一，是本地区与美国之间的关键的业务中心，同时也是墨西哥的工业和金融中心。本地人口整体年轻并且有着高预期寿命。人口中的大约 85% 生活在蒙特雷都市区。

新里昂有着跨越几代人的企业文化。制造业是经济中最重要的部分，但是技术基础有限。凭借由北美自由贸易协定带来的美墨关系的加强，新里昂州正在向知识型经济转变，发展高技术产业并且专门发展医药服务。它正在通过各种战略举措来促进技术驱动的经济发展，如 INVITE，一个旨在推进跨境的墨西哥东北部与得克萨斯州的区域间联系的组织；还有蒙特雷国际知识城，这是一个连接学术科学研究、私立产业和政府的三螺旋框架。其后还有其他一些为蒙特雷制定的技术创新计划，包括创设 16 个新的研究中心等都与三所领先的大学有关。

新里昂的高等教育

新里昂州高等教育在校生的比例高于墨西哥平均水平。本地有 44 所院校，超过 11.1 万在校本科生和 1 万在校研究生。此外，还有 8 千名学生就读于其他种类的学校（职业技术学校和师范学校）。

在经合组织讨论范围内的三所关键高校包括：新里昂自治大学，一所公立的研究性综合性大学，拥有 6.1 万名学生；蒙特雷技术学院（ITESM），一所私立的综合性大学，有着提供工程学和商学项目的传统；以及蒙特雷大学，一所私立的本科和研究生教学型院校。

这些高校对区域发展作出贡献的途径包括：人力资本开发，研发，技术和知识传播以及社区项目。它们拥有多个校园以及虚拟教学系统。它们与同政府发起的蒙特雷国际知识城以及 16 个由国家科技局支持的研究中心都有协作。高校实施了广泛而多样的项目来促进本地区社会和文化发展。这其中包括所有公立学校（部分私立学校）的学生都需要提供 480 小时的义务社会服务（参见第七章）。

高等教育和本地区间关系的发展轨迹与成熟程度

本地在增加高等教育系统内学生数量上取得了显著的成就。尽管存在各式各样的协调机构，教育和经济系统之间的联系是很有限的。其结果就是，用政策推进不同性别和社会经济地位的平等成效有限，而发展、维持和传播有关为区域高等教育做评价、设定基准的措施和指标的机制也是有限的。例如，INVITE 或是蒙特雷国际知识城（MICK）这样的战略举措代表了更大的联合与合作的机会。

荷　兰

区域发展和高等教育

荷兰的人口在 20 世纪经历了三倍的迅速增长，目前达到了 1600 万，而且还在持续上升。在经历了 20 世纪 90 年代中期以来的停滞后，目前的荷兰经济正在恢复中。劳动力市场、社会福利和医疗等方面的改革都在进行中，以加强劳动力的利用率和生产率。应对先天缺少弹性和产生更快的增长的关键就在于加强创新的传播。

荷兰是一个分权的单一制国家，政府层级包括中央政府、12个省政府以及上百个市政府。荷兰的南部和北部仍旧占主体，但是布拉班特凭借着它的（国际性）产业和战略地位，成为荷兰经济发展的一个重要的推动要素。地方政府对于本地事务有着某种程度的自行决定权，但是它们还是附属于国家和省级政府。高级行政层仍旧管理着低层并且可以要求它们合作。中央政府对于宏观经济和社会分配的政策事件负责，而地方政府则对当地福利的供给与分配负责。

荷兰高等教育系统是二元的，拥有13所研究型大学和45所高等专业院校，包括高等职业院校和开放大学。这两个部分中心任务、入学要求、学制长短以及资金来源方面均有所不同。在类似于知识圈和讲师计划这样的政府资助项目的帮助下，高等专业院校最近开始着手从事研发，而这些项目被认为是荷兰创新政策的关键部分。荷兰高等教育部门包括公立和私立院校，而学生需要支付学费。在学生人数上，研究型大学比较稳定，而高等专业院校机构的人数则在增加。高等教育部门的政策由教育、文化和科学部负责提出。在过去超过20年时间里，中央政府的政策目标是减少自己的引导和管制性角色而增加院校的自主。国家部门保留取消项目和禁止新项目上马的权力。

高等教育的权力分散在荷兰有着很长的历史。法律要求高校参与区域合作，但是却没有严格的激励、融资渠道或是产出监控来支持和加强对于这一点的管理。并没有直接的区域教育或是地域性的科学政策能够对于地方的不同需求作出反应。

对于知识经济来说，创新的重要性广为人知，而政府的举措包括建设基于三螺旋合作——即政府当局、企业和高等教育——的创新平台。经济事务部正在为高等教育的区域政策作出规划，特别是在研究应用和创新领域。这一政策框架主要围绕将资源集中到优秀的研究上以将其应用到创新之中，并且通过一系列手段来移除研究成果商业化的障碍，这些手段中就包括知识券⑫。"三角尖"是一种通过指定研发热点来加强荷兰经济的策略，主要通过将资源集中注入关键领域来提升全国整体经济水平。高校对于这一战略来说是重要的，特别是在国家的北部和东部地区，因为那里除了高校外几乎没有研究水平突出的创新机构。

地区：特文特

特文特位于荷兰的东部边境，是荷德边界合作区莱茵－马斯的一部分。它是上艾瑟尔省的东部，而不是一个国家法定的行政区划。然而本地区有着明确的区域边界，以及非常强烈的认同感和工业传统。三个主要城市，即恩斯赫德、亨格罗和阿尔默洛拥有该地区总人口60万的一半。

这一地区有着富足的过去，主要基于其纺织业生产和机器制造。在1955—1980年期间，特文特经济经历了一次过山车，与之并行的还有大规模的去工业化，导致纺织业80%工作岗位的减少。在20世纪八九十年代，一个地区性的知识经济逐步形成了，同时出现的还有科技园区和稳定的高科技企业。在90年代末，经济水平大涨，一次由信息技术驱动的繁荣过后是信息泡沫的破灭，随之而来的是许多企业的倒闭。

今天，这一地区的经济落后于本国的其他地方。尽管特文特大学有着促生高技术企业的记录，本地内生增长能力还是很弱。人均研发经费高于全国平均水平，但是都集中于一小部分知识型企业。总的说来，这一地区发展受制于现有以低技术含量中小企业为主的产业基地的低效率。因而本地的整体吸收能力是有限的。这一地区的主要弱点包括失业，特别是年轻人口的失业，人才流失和低技术水平。

缺少行政基础已经阻碍了区域发展，也限制了特文特地区创设决策机制与表达一种有计划的开发的意愿。在过去的40年里，特文特没能动员足够的政治意愿来组织对于本地经济问题的共同反应。过去的努力之所以失败，就是因为地区内主要城市之间的冲突削弱了本地和全国加强地区合作的努力。最近，按照国内和国际的例子，一个包括高校在内的特文特创新平台被设立起来，从而可以将不同的利益集团在地区发展的利益之下统一起来。

特文特的高等教育

特文特地区有着多种多样的高校和继续教育院校。加入到本次经合组织研究是由撒克逊应用科学大学（前身是恩斯赫德高等专业学院）发起的，该校有 1.8 万学生，是四所高等专业院校中唯一的一个多学科的，并且与特文特大学这一唯一的"承担研究的科学院校"共同出资办学。尽管所有的院校或多或少都参与了区域联合战略，院校间仍然存在着关注焦点和重点的区别。高等专业院校与社区有着紧密的联系，而特文特大学则在国际卓越和区域联合两种导向间维持平衡。

高等教育和本地区间关系的发展轨迹与成熟程度

特文特和撒克逊大学向位于其周围的企业提供创新帮助这一点有着悠久的历史。近来，尽管特文特是传统的工业基地并且位置比较边缘，它仍旧被认为是本国的研发热点之一，这是考虑了高校为地区和国家推进创新的努力所作出的贡献。对于创新和企业精神的承诺与行动并没有在地区发展因素中体现出来，而这一点落在了全国总体水平之后。

尽管基于技术的合作举措已经实行了很久，高校之间参与以区域战略利益为目的的项目而进行协作的途径仍旧缺少。在特文特，最关键的挑战是为整个地区形成一套有效的决策机制，以纠正地区中的松散性、不透明和非正式性。特文特创新平台最初是建设在企业和高校之间，现在则又加入了本地政府。这最终为传统上格格不入的亨格罗和恩斯赫德之间带来了一份协议，而这有可能在动员区域和它们的高校合作上非常重要。

挪　威

区域发展和高等教育

挪威是经合组织国家中较富裕的一个，经济增长强劲，失业率低，人口较少，仅 460 万人，并且人口密度也很低（每平方公里 14 人）。挪威的经济和社会都受益于它的石油和天然气资源，这支撑着较高的人均收入与广泛的福利体系。整个国家都非常强调公平和地区化。双元制的地方政府体系包括 19 个区域层面的郡级和 431 个地方层面的市级单位。

按照经合组织标准来衡量公共服务的核心活动，而教育和医疗，都有着很高的支出。高等教育有着较高的入学与学位获得比例，并且强调广泛而平等的入学机会。高等教育部门包括6所大学，5所专业大学和25所大学学院，这些大学学院是从1994年起由98所学院合并而来，目前学生数占地区学生总数的43%。此外，本地还有两所国立的艺术学院。除此以外，还有24所接受国家资助的私立学院（以及一小部分不接受国家资助的）。一所职业学院提供的短期课程最长两年。终身学习得到了很好的发展。高等教育几乎完全由公共基金资助。公立院校不收取学费，对学生发放津贴非常慷慨，且师生比例很低。尽管最近有所变化，高等教育仍旧受到监管，院校的自主性受到了限制。

从维持人口的地理分布、增加非城市地区特别是挪威北部第三级教育的参与率以及减少向三个最大城市的人才流失这些目标的意义上说，高等教育政策有其地区的维度[13]。这一维度又通过强调高等教育满足地方经济发展所需的教育和研究需要的需求中得到了加强。高等教育最近的变化强调了大学对于达到国内和国际卓越水平的责任，而另一方面也就是大学学院对于本地和地区需求的责任。因而，大学可能扮演一个并不被期望扮演的地区角色。大学的区域合作并没有得到激励：研究经费仍旧基于论文发表数来决定。

挪威的研发支出比例低于经合组织平均水平，而且相比其他经合组织国家，发生在私营部门的研发行为更少。事实上，政府已经确立了勃勃雄心的目标来推进创新，希望能增加研发开支的比例，特别是在私有部门。从科学技术政策向创新政策的转变起步较晚。地方驱动的创新政策带来了更多的是再分配而非知识构建。当大部分欧洲国家忍受着所谓的"创新悖论"时，挪威见证了相反的情况：尽管对研发和创新的投资相对较少，它却有着良好的宏观经济情况以及强劲的经济表现。挪威面临的主要挑战是开发传统能源产业之外的新的增长和附加值来源。

地区：挪威中部特伦德拉格地区

挪威中部的特伦德拉格地区拥有40万人口，主要集中于挪威第三大城市特隆赫姆，占该地区人口总数的39%。这是一个富裕的地区，有着几乎完全的就业并且没有产业衰落的迹象。就像挪威的整体情况，受教育比率以及生活标准很高。本地区是高等教育的大中心，并且在研发行为上超过了全国的平均表现。全国超过11%的研发发生在这一地区，而本地只有全国大约9%的人口。

特伦德拉格并不存在于国家治理结构中。本地的两个郡，即南北特伦德拉格拥有共同的历史和认同。基于在区域治理上改革的预期，包含两地代表的特伦德拉格地方议会作为一个协调组织建立起来。它为2005—2008年起草了一份区域发展计划，将创造性、能力和合作定位为发展的三个关键驱动。地区内存在着区别：北部的北特伦德拉格主要是农村地区，且出现人口老龄化，拥有城市特隆赫姆的南特伦德拉格在经济成就、可支配收入水平、雇用劳动力比例、教育程度水平、高技术产业以及服务和大型企业数量，研发行为和专利授予数量方面优势明显。

本地区的经济体制并不完全导向知识经济。高技术生产企业的就业人口比例低于全国平均水平，而服务产业的就业人口比例——基于教育、医疗和社会工作——则等于全国平均水平。本地的出口额低于全国平均水平，占主体的部分是鱼类养殖、木材料加工和其他商品加工。产业门类偏重于初级生产。本地有许多小型企业，只有少量雇员超过100人的公司。增长最快的部门是服务部门。石油和天然气产业为本地就业和增长作出了主要贡献。受益于大学的研究和毕业生培养，一个知识经济体正在形成。举例来说，特隆赫姆已经成为了"欧洲的搜索首都"，雅虎、谷歌和迅捷都在本地区设立了研究中心。

特伦德拉格的高等教育

由于缺少强势的地区政府，挪威科学技术大学（NTNU）和斯堪的纳维亚最大的独立研究基金，即挪威理工学院的工业和科学研究基金会（SINTEF），是本区域的主要机构，同时仍旧扮演了有着国际抱负的国家级角色。挪威科学技术大学是1996年一些专业高校合并而来的。它是挪威第二大大学，并且在争取研究经费上有着强势的地位。南特伦德拉格和北特伦德拉格这两所大学学院都是职业导向的学院，并且由于早前合并了许多地方学院，因而在地区内广为分布。它们从一个较低的起点开始培养研发能力。本地共有超过3.3万名高校学生，其中2.9万在特隆赫姆。

高等教育和本地区间关系的发展轨迹与成熟程度

特伦德拉格是一个"建设中的"小地区。受制于有限的地方权力，它有着相对较弱的一致性和松散的治理形式。由于缺少紧迫的问题，对于地方发展未来的共同愿景也是有限的。对于全球化的认识至今尚未被转化为具体行动，而且特隆赫姆城和大学之间的联系也受到了限制。虽然院校间合作已得到了加强，而且创新活动也在近些年得到了发展，但本地区的吸收能力依然很低。激励体制并不足以帮助所有的高校融合到区域建设中去。挪威享受着石油和天然气带来的巨大优势，但该优势却掩盖了挪威对于改革的需求。

西班牙

区域发展和高等教育

在过去十余年内，西班牙的经济在增长、就业和公共融资方面的表现引人注目。但是生产率的提高仍处于一般水平，这给产出和人均收入增长带来了持续衰落的风险。西班牙采取了一系列措施来弥补它在创新和技术应用方面的不足，从而加强企业精神并且给予教育系统以必要的支持。在给予大学更大的独立性、更为严谨的评估程序以及研究成果传播的基础之上贯彻执行三级教育改革是非常重要的。由于移民，现在的老龄人口已经超过了4000万，并且还在增加，因而需要改革来对此做好准备（OECD，2007b）。

西班牙有17个自治区，每个又进一步分成若干省份。每个区域都设有一个中央政府的区域办公室。立法权由议会行使，而政府则有执行权。地方行政围绕着市议会和省议会开展。三个不同层次的行政机构——中央、区域和地方机构在各地区并存与协作，而它们之间的权责分配并不总是非常清晰。

区域政府负责为高等教育提供资金并加以管理。中央政府则负责确保高等教育界的大学质量：它将确定所有公立大学每个学习项目的核心课程[14]，以及学位项目的授予、工资水平以及职员的整体政策（基本机制和教学量)。[15]近些年，西班牙各省建立了与教师个人表现挂钩的奖金机制。大学教师仍旧保持其公务员的身份并且必须获得国家的认证。在实际操作中，三个层级，也就是高校、区域政府和中央政府是可以对大学的人力资源施加影响。

在西班牙单一的高等教育系统中共有大约 150 万学生。这其中包括 48 所州立大学，其中有 1 所远程教学大学（UNED），此外还有 23 所私立大学，其中有 1 所位于加泰罗尼亚的远程学习院校[16]。高校中几乎没有非大学的机构。尽管这些大学中超过 1/3 是私立的，它们一共只培养了总毕业生的 8%，而高等教育系统自 20 世纪 70 年代以来一直在迅速增长，直到近十年才有所放缓。教育完成率较低而且学生流动性有限。西班牙在高等教育上的开支占 GDP 的 1.2%，稍稍低于经合组织平均水平。近来有相当的资源投入到了基础设施建设。从 20 世纪 90 年代以来，私人投资有了可观的增加（超过 25%），为学生提供的经费援助比较适中。最近西班牙还建立起了一套学生借贷体系。

这样的高增长是通过高等教育在全国范围内的地理扩张实现的。大学大都坐落于各地的主要城市，其隐含目的是为在本地的经济、社会和文化发展中扮演重要角色，但除此之外却没有相应的财政或政策激励来支持这一目标的实现。实际操作中，大学系统并没有完全与地区和生产环境相联系。在雇主看来，高校和它之间并没有相关性而且没什么效用。几乎没有公司会向大学提出研究请求，同时在劳动力市场培训的提供者中，大学所列位置是靠后的（CYD Fundación，2005）。大学推动经济和社会发展的需求正得到认可，而区域规划必须加速这一进程。

伴随着 1978 年民主制度的重建，大学治理的改革带来了院校自治和学术自主性的加强。大学校长由董事会指定的人中选举出来。不同种类的监事会监督着各个行政层级作出的聘任院长、各中心和系领导的决定。作为代表社会利益的外部组织，大学还设立了社会代表委员会。此外，校务会也有来自校外的代表。然而事实上，外部的影响依然是有限的。

西班牙关于科学和技术的政策有两条主线：国家科学研究与技术创新计划和工业、旅游与贸易部的项目。西班牙在过去十年里经历了相对较高的经济增长。缺乏竞争力以及生产水平和出口的下滑都成为了人们担忧的理由。国家政府制订的"才智2010"项目聚焦于技术创新与研发，并且总体上增加了对研究的投入，可以说是对这些挑战的一个回应。

地区：加那利群岛

由七个岛屿构成的西班牙加那利群岛地区包含两个省：大加那利亚的拉斯帕尔马斯和圣克鲁斯－德特内里费。本地区有着近200万人口，在欧盟范围内作为一个特别边缘的地区享受着特殊的财政地位。它在历史上曾是去往美洲的补给站，近些年来又成了与西非之间的纽带，在2006年更是成为了非法移民去往欧洲的主要口岸。加那利群岛希望成为非美之间的南南贸易以及美欧亚之间的南北贸易的物流平台。为了实现这一目标，加那利的港口正在将自身改造成为大型集装箱的集散地。

20世纪末，旅游和相关产业的巨额增长将本地经济形态从第一产业推向了繁荣却脆弱的第三产业。地区发展的主要动力来自旅游业和相关产业，其产值目前占GDP的37%。本国对于外部需求存在依赖性，并且非常关注通过提高质量以及抑制环境退化来保护旅游业的经济基础，同时也试图寻找多样化经营的机会。在过去25年里，驱动增长的另一个动力是地方的公共部门。

相比其他欧洲国家，西班牙的人均GDP水平与它们的差距有了很大的减少，但是地区内部的差异依然存在：七个岛屿之间的经济增长有着明显的差异，有些有着成熟的产业（大加那利岛和特纳利夫岛），有的主要由旅游业带动增长（兰萨罗特和富埃特文图拉），其他的有着传统的和农业型经济体制（拉·帕尔马、拉·古玛拉、耶罗岛）。经济增长并不能将不同岛屿的经济与国内市场整合到一起。运输基础设施问题和岛屿间及岛屿内流动困难依然是制约发展的长久问题。

加那利群岛一直享受着低间接税和对商业行为的大额财政激励带来的好处。就像西班牙的其他地方一样，现有的商业被中小企业所占据。这些企业中有近一半没有雇员，并且94%的企业雇员人数少于10人。创造最多就业的经济领域往往技术水平较低。工作中低技能与人均生产率低的企业占很高比例，相应的，该地区工资水平也低于全国平均值。大量的临时用工合同成为了一个巨大的问题。从1993年以来，失业率迅速从28%降低到了 11%。

加那利群岛的高等教育

加那利群岛总计有超过 5 万名高校学生和大约 3000 名教学研究人员。本地区的高等教育表现差于西班牙的其他地区，重要的影响因素仍旧包括入学、教学质量和高等教育同当地之间的联系[17]。本地有两所大学，拉古纳大学和大加那利帕尔马斯大学，此外还有国立远程教育大学的分支。拉古纳大学历史悠久。大加那利帕尔马斯大学则是最近通过合并一所新的小型技术大学和拉古纳大学大加那利校区创建起来的。相比科学和人文，本校更偏重于工程学。由大加那利帕尔马斯大学的成立所带来的紧张气氛扩大了本岛和大学间的分歧，显示出了它们之间竞争性的敌对关系，而非支持地区规划和发展的合作关系。

高等教育和本地区间关系的发展轨迹与成熟程度

在加那利群岛，存在着区域内的不均衡和群岛与两个省之间以及大学之间的竞争。本地区的两个政府中心，特纳立夫与大加那利都存在着浪费巨大的重复行为。随着西班牙各地区自主性不断增加并且考虑到它们的特殊地位，在地区发展中的合作关系不但可行同时也是必需的。在目前的经济体制中，对于劳动技能的要求相对适中。因此，在雇用了本地绝大部分劳动力的部门和大学之间的合作非常有限。加那利的某些私人部门已经开始期望与大学有更多合作，但是在大量的小型企业看来，大学与自己很大程度上没有关系。

巴伦西亚自治区

巴伦西亚自治区有超过 450 万的人口，占西班牙总人口的 10.5%。它位于地中海沿岸，加泰罗尼亚和穆尔西亚地区之间，其面积占国土面积的 4.6%。它的人口密度（每平方公里 195 人）超过了全国平均水平（每平方公里 85 人）。它的人口在 1950—2004 年有了巨大的增长，人口数量几乎翻了一番。近来，人口的增长主要来源于国外移民[18]。

本地区被划分为卡斯特利翁、巴伦西亚和阿利坎特三个省。本地的人口分布极不均衡，主要集中在 5 个城市中心[19]。巴伦西亚的最大城市就占了本地区总人口的 17.3%。本地区的人均 GDP 稍稍低于全国平均值，而失业率（11%）正好等于全国平均水平。

巴伦西亚的经济增长略微低于全国平均值但大大高于欧洲平均值。在巴伦西亚区的三个省份中，阿利坎特人均收入最低，只有全国水平的 91%。尽管相比全国其他地方，本地的工业部门和建筑业扮演的角色更为重要，但是经济结构正在向第三产业转变。雇员少于 50 人的中小企业占总企业数的 99%。本地的工业在衰落，而建筑业、旅游业和相关产业正不断增长。服务部门的传统部分（商店管理、食宿业、交通业与通信业）占总体净增加值和就业的 50%。创新水平相对较低。在 2003 年，总的研发开支很低，只占 GDP 的 0.87%；其中 35% 来自于私人部门。高技术企业仅创造了工业净增加值的 8%，而低技术企业创造了 65%。

巴伦西亚区的高等教育

1992—2002 年间，本地的高等教育参与率有了可观的增长（18% 到 30%），但是仍旧落后于西班牙的平均水平。巴伦西亚有七所高校：五所公立和两所私立大学[20]。其中有四所大学坐落于巴伦西亚，一所在卡斯特利翁，还有两所在艾尔切（Elche）。某些大学在其他市镇还有卫星校区。所有院校总计有 14.6 万学生（1.3 万名在私立院校），这也占了西班牙学生总数的 10%，此外大学教职员工数占全国的 11.5%。巴伦西亚大学成立于 1499 年，巴伦西亚技术大学和阿利坎特大学则成立于 20 世纪 70 年代，而其他大学则成立于 20 世纪 90 年代和 21 世纪前 10 年。80% 的学生来自大学所在的省份。而基于学生人数的经费体系则加剧了大学间的竞争。

巴伦西亚地区政府负责通过直接的津贴和规定学费水平来资助公立大学。它同时也负责批准新的学位项目以及某些与非学术员工有关的事宜。巴伦西亚公立大学系统得到了西班牙第一流的资金支持。依据教育指标来看（退学率和课程完成率），它也是最有效率的体系之一。巴伦西亚地区政府早在 1994 年第一个引入了公立大学资助模型，其中明确了大学的经费与其表现挂钩。本地政府旨在建设一套能将地区发展与大学联系到一起的政策。地区战略计划将大学视为地区发展的关键因素。

高等教育和本地区间关系的发展轨迹与成熟程度

就像在加那利一样，这里的大学系统并没有完全与地区和产业环境相联系。本地在创造知识方面有了进展，但是在传播上缺少成果。尽管大学自己的研发活跃，但与顺应全国发展趋势的产业之间的合作较少。此外，本地高校之间的合作也很有限。

瑞　典

区域发展和高等教育

瑞典是一个有着900万人口的北欧国家。在经合组织国家中它拥有最高的研发支出比例（4%），此外还有较高的教育入学率和同其他斯堪的纳维亚国家一样发展良好的公共部门。在20世纪90年代中期，本国的生产水平曾有过一次巨大的爆发。瑞典有着杰出的宏观经济表现，以及高增长率、低失业率和稳定的通胀预期。为了维持福利水平，本国的劳动力市场需要变得更加包容和灵活（OECD，2007c）。

20世纪60年代出台的瑞典区域政策有聚焦北部郡县的传统，在那里主要的挑战来自过于边缘的地点，人口减少和失业等的综合作用。在20世纪70年代末和20世纪80年代，也就是产业结构调整给南部瑞典带来大量失业的期间，政策强调的重点从减小北部地区的差距转向了确保全国范围内的地区间平等。在1998年引入的地区增长协议旨在为政策区域之间带来更大的整合，并且对各地本得到的专门性公共资助的使用作出了区域性的展望。地区增长协议和欧盟结构基金计划之间的整合得到了鼓励，以便更好地统筹资金来源和政策间的协作。这一政策的目的是通过鼓励企业重构和商业发展来刺激可持续的经济发展。郡县的行政委员会与地方议会负责达成与推动协议的实现。其理念在于综合运用业已存在的来自产业、地区和劳动力市场政策的资源，因此并没有提供额外的资金来源。在2004年，地区发展协议被地区发展项目（VINVÄXT）所替代，就是为了使政策更具有前瞻性，并且增加对于成果的关注。地区政策的名称早前便被改为地区发展政策，这正体现了关注的重点从地区凝聚力向经济增长的转变。在斯葛纳试点区已经试行了地方分权并且设立了新的地区自治机构（OECD，2003b）。在 2004 年，瑞典实行了一项都市政策以推动一项整体性进程，旨在结束都市区种族与歧视性的社会隔离，并且为生活在城市地区的人获得更加平等和均衡的生活水平而努力。

瑞典拥有一个创建于 1977 年的一元的高等教育系统，包括 14 所公立大学，22 所公立大学学院以及 3 所私立院校。此外，还有 10 所规模较小的大学学院或者独立提供学位项目的机构，它们有权从事本科教育并且部分由政府资助。在企业与院校之间紧密合作的基础上，大量并不属于高等教育系统的高级职业教育被设计出来并且得到了应用。换算成全日制等量后，本科在校生人数在 2004 年是 30.2 万人。高等教育与研究的政策是由国家引导，并且主要由公共资金支持。国立院校是在目标和结果管理下的政府机构。决策权在一定程序下下放，院校承担了相对较大的责任。然而院校的自主权不包括设施的所有权。[21]

本国的高等教育政策中有地区层面的规定，并且每一个郡都有高校。尽管入学率有了可观的提高，但是在城市与城市之间以及城乡之间还是存在着地区差距。人们期望高校为区域发展作出贡献，并且认为它们是社会进步的关键因素。事实上，教育部并没有鼓励这些行为，也没有对结果进行监测。对高等教育的资助基于产出而非区域合作。然而，院校可以申请项目经费。[22]瑞典将其 4% 的 GDP 投入了研究之中。[23]高等教育研究资源的分布广而薄，因为新的大学学院的建立占用了资金的很大一部分。为了实现研究结果的商业化，某些高校还拥有控股公司。此外，有许多公共机构主持的项目——其中就有瑞典政府创新署（VINNOVA）。瑞典高度依赖于高技术产业并且在过去 30 年里发展了一个全方位的创新系统。瑞典的创新之桥就是一个分布于全国范围的，负责将发明转化为创新的系统。这一系统的财政来源主要是公共资金。

地区：韦姆兰

韦姆兰郡位于瑞典中部，与挪威相邻。这是一个边境地区，其周边有多个中心城市——瑞典的哥特堡和斯德哥尔摩以及挪威的奥斯陆。本地区和挪威正在积极地交流，试图将本地建设成为一条在奥斯陆和斯德哥尔摩之间的增长走廊（2004—2007 年韦姆兰地区增长计划），以推进自身的改革。

韦姆兰拥有 27.4 万人口，其中一半在主要城市卡尔斯塔德的用工区，另外 1/3 在卡尔斯塔德当地。人口分布在地区内部存在着差距，主要集中于卡尔斯塔德，农村人口在减少，并且其他地方的人口密度很低[24]。大多数市区有 1 万—1.5 万的居民。这是一个经济增长和发展都很缓慢的地区，失业率高于全国平均水平并且受教育程度较低。本地的人口发展在长期来看会有负增长。出生率较低而人口年龄高于全国平均水平。此外，本地还面临着居民净流出问题。

本地的经济结构是由强有力的公共部门和资本密集型的纸浆、造纸业以及钢铁行业所主导的。只有很少的大公司有着高生产率与失业率增长。当地原有的基于自然资源的公司现在都是跨国公司的一部分。创业期企业的数量低于全国平均水平，并且本地也缺少能够对增长作出贡献的中小企业。在服务业，包括旅游业和信息技术行业，存在着一些增长的迹象。本地区的经济成就依赖于它创造支撑增长的企业与吸引并留住对内投资的能力。有证据表明，没有坚决的努力，地区经济就会出现滑坡。

本地区是 2004 年中央政府为弥补在当地驻扎军队所造成的损失而专门援助的对象：一系列中央委员会和机构来到了当地；此外，政府又作出了向驱动增长的经济活动进行投资的承诺。而大学直接和这些计划的准备相联系。

地区增长计划是瑞典对于像韦姆兰这样的郡进行区域发展的主要政策工具，高等教育是其中最关键的参与者之一。它为与区域可持续发展有关的许多参与者提供了一个联合的背景，并且还为他们的计划与行动指明了方向。它的基础是三螺旋合作，并且重点关注造纸技术。资金主要被导向了刺激地区企业和产业合作与发展以及提升教育水平的努力上。

韦姆兰的高等教育

在小城市或是小地区，唯一的大学总是主要的雇主并且是对内移民的主要目标。卡尔斯塔德大学在 20 世纪 70 年代是师范大学学院，后来在 1999 年成为一所综合性大学。它有 1.05 万名学生以及 1000 名教职员工。

学生中有 2/3 是由师范和护理专业吸引而来的女性。在这里存在着的性别问题之一就是偏远地区的年轻男性入学率很低。

该所大学将其视为主要的区域发展合作伙伴。它强调社会的、社会生态的和经济的发展以及大学的高质量和社会参与的重要性。本校有着现代化的管理和治理结构，其中包括指定副校长，以及与外界利益相关者较高的合作能力。它扮演了教育机构的重要角色，并且日益成为研究中心。本校的教育和研发职责中有一部分是支持当地林业产业，包括工程科学硕士项目等。它的研究较为分散，并且从位置上来看校园是和城市相分离的。

高等教育和本地区间关系的发展轨迹与成熟程度

地区增长计划是韦姆兰区域发展的主要政策工具。它为大学与利益相关方的合作提供了体制背景。作为本地区的唯一的高校，在地区建设中，院校需要扮演的关键性角色得到了广泛的认可。地区治理正在经历着变革，并作了称之为韦姆兰合作的安排调整，在这种安排中，大学只是一个部分，没有真实权威。在国家机构和地方当局之间可能会有责任的明显转移以及权限上的重新分配。

英国：英格兰

区域发展与高等教育

英国有超过 6000 万的人口，其中 5000 万住在英格兰。人口的发展依赖于大量移民，特别是从那些提供额外劳动力市场灵活性的新欧盟国家来的移民。英国经济的稳定性和弹性令人印象深刻，产品市场也是经合组织成员国中最具灵活性的。但是，英国还有必要提高劳动力的整体技能水平、发展中端层次的创新行为以及提高劳动力的利用率。（OECD，2005e）

英国的地方主义是模糊的、不确定的、时常变化的。20 世纪 90 年代后期，苏格兰建立了国民议会和行政机构，伦敦、北爱尔兰和威尔士也建立了地方议会。这些机构各自拥有一个由选举产生的政府层。中央政府也不断加强英格兰地区的地方化治理。但是，2004 年选为首先进行全民公决的英格兰东北部却投票否决了通过选举设立地方议会，因此其他地方就取消了有关议会选举的全民公投。由于缺乏由选举产生的政府层，英格兰出现了一定程度的地方民主缺失。代之而存在的是一个零散的区域治理体系，构成这一体系的是高度依赖中央政府转移支付的、由本地化选举产生的一系列政治力量。（CURDS，2005；OECD，2006g）

大伦敦地区主宰了英格兰的经济，因而英国的区域发展并不平衡。从某些角度来说，英国有经合组织中最具中央集权性质的政府体系。影响区域竞争的核心决策由中央政府做出。地区政府可发挥的政策杠杆作用十分微弱。与经济发展相关的问题，如运输干道、投资、技能和培训，以及继续教育，在地方政府范围之外。中央下达的政策难以根据地方需求作出调整。这种做法有别于大多数经合组织成员国，有证据显示那些最成功的地区都是最具自治权的地方，英国对此却熟视无睹（OECD，2006g）。

英国两个地方治理的国家支柱——区域发展机构和政府合署——是政策合作的焦点，并已经成为区域治理图景中的稳定特征，但是它们缺乏自下而上的授权。区域发展机构旨在"协调区域经济发展和重建，使区域提高其相对竞争力，并减少区域内和区域间的发展不平衡"。他们草拟了区域经济战略。政府合署寻求在区域内协调国家性政策，但很少有机会订立或修订那些政策。英格兰的各个地区都设有一个由第三层地方政治力量构成的区域联盟，它对空间规划拥有较小限度的立法权力。高等教育贡献区域发展的动力来源于受中央政府管控的高等教育拨款委员会。（参见第三章）

英国的高等教育高度多样化差异化，但是缺乏正式的分层。这是因于1992年英国取消了大学和理工学院在名称上的区别。高等教育主要由大学和学院提供，但约有10%的高等教育项目则由继续教育机构提供，相关学位证书则由特定大学颁发。[25]当前英国拥有超过100所大学，这个数字仍在增长，因为越来越多的学院达到了升格为大学所需的学生规模和教育质量。英国还有一批单科性高校（Clark，2006）。高等教育毛入学率急速地增长到40%。苏格兰和北爱尔兰已达到50%的既定目标，但英格兰尚未达到。政府鼓励大学间加强竞争和面向市场办学。2006年英格兰和北爱尔兰开始收取学费，2007年威尔士也开始这样做。学费最高达到3000英镑，高校还需要为贫穷地区学生提供奖学金。但对于那些非欧盟国家的学生，高校可以按市场行情自由收取学费。

高等教育是一项国家责任，在英国由四大地区——英格兰、威尔士、苏格兰和北爱尔兰资助。在英格兰，高等教育的公共经费来自英格兰高等教育拨款委员会下属的地方性组织。教育拨款委员会尊重院系自治权，在宏观层面上调控高等教育体制发展，如推动高校加强第三职能即社会服务职能以及扩大高校生源在社会阶层方面的覆盖面等。因此该委员会通过英国政府教育和技能部的宏观政策引导这一间接方法来影响高等教育领域的发展。教育和技能部门对区域化的兴趣有限。区域合作并未对高校做正式要求，尽管它是英国高校第三项职能中的核心要素。

高校有相当可观的自治权，但也像私有部门中的商业运行一样受制于市场约束：如果没有顾客，就有失败的风险。实际上，英国财政部将高校划入了私有部门。[20]政府和多个基金委员会通过为高校拨款来换取高校执行政府的高等教育政策，但是对于那些大型的研究密集型高校来说，英格兰高等教育拨款委员会的整体拨款还不能占到那些高校总收入的1/3。研究经费的分配与科研水平评估的结果有关，评估内容强调学术的卓越性却不考虑对区域的影响力。

地区：英格兰东北部

东北部是面积最小的，地理上也是九个英格兰区域中最偏远的地区。这是一个与苏格兰接壤的有着较高多样化程度的地区。它有广阔的农村地区，和三个毗邻河流的大城市区。250万人口正在老龄化，最近还开始负增长。

18—19世纪，这个地区是创新前沿的中心：它是一个大型的工业生产者，依赖当地的煤矿、造船、重型机械和钢铁冶炼。但是到20世纪，与英国其他地区相比，本地经济有所衰退，并在传统工业中绝对衰减。1934年，政府对传统工业的衰退作出反应，指定东北部为国家第一批"萧条地区"。抵消这种萧条的方法都指向吸引内部投资。1979年，政府资助削减，许多原有的美国制造业投资商关闭了工厂，将生产转移到新兴工业化国家去。结果是大规模的去工业化，以及与其他英格兰地区扩大的经济差距。在这种传统工业衰退的情况下，东北部失去了经济控制。由外部控制的分厂大量存在创新型中小企业代表性不足，经济网络有限成为地区经济的主要特点。20世纪90年代早期，有一个远东重新投资的时期，但是很多这样的工厂也在最近5年倒闭了。

今天，这个地区的经济已经开始复苏，但是在大部分社会经济指标和创新指标上都落后，如人均总附加值、就业率、自雇率、商业开发、就业岗位增长、质量水准和研发支出。重型机械制造实际上被排除，大部分中小企业的生产水平低，产业集群几乎没有，推动发展有些阻碍和困难。大城市中长期失业和服务业引导的发展，恶化了区域内的不平等。研发投资和创办企业的水平很低。最近的增长常常是公共部门的驱动，教育、健康和社会部门在就业上起主导作用。动态增长开始在一些地点勃兴，主要基于文化重建、知识密集型商业服务和与高等教育息息相关的创意产业。区域经济战略聚焦于建设新的经济，以科学导向的创新以及吸引和保持复兴城市人才为基础。

英格兰东北部的高等教育

这个地区的低龄就业参与率和毕业生比例明显低于全国标准。达拉谟、纽斯卡尔、诺林伯利亚、森德兰和泰斯德5所大学中共有9万学生。另外，这里还有国立大学的地区办公室，以及17个继续教育学院，为6000名学生提供高等教育项目。达拉谟和纽斯卡尔是1992年前建立的，纽斯卡尔的医学院是研究型大学"罗素集团"的成员。其他三个新建的大学在1992年前是理工学校。诺林伯利亚大学在本区域内学生最多，也有最多的国际学生（10%）。森德兰和泰斯德有强大的地区网络和继续教育合作关系。60%的学校综合收入来自于英国高等教育拨款委员会以外的渠道。这些院校雇用了1.4万人，并创造了区域GDP的2.3%。大学主导了公共研发开支。东北部有强大和悠久的高等教育区域联盟——东北部的大学。（参见第八章）

高等教育和本地区间关系的发展轨迹与成熟程度

虽然有竞争的压力，仍然有为数众多的大学和区域的合作案例。这以为中小企业提供的研发咨询服务为始。最近，大学扮演了广泛的社会和文化角色，虽然这些活动仍很少被资助（参见第七章）。考虑到区域内较低学历程度和技能基础，大学将扩展高等教育参与率放入了议程。区域政府管理被复杂的组织参与和战略重叠所定型。区域结构的断裂化和地方当局之间有限的合作是摆在高等教育面前的重大挑战。

作为政府和企业低投入的结果，高等教育研发的主导地位导致了一种新路径的出现，大学中心被看做建立新的高新技术产业的机会，因为当地近期内并没有产业先驱。同时，旨在提高已有商业效率的增值性发展战略仍然重要。

丹麦和瑞典的跨境合作

前面展示了丹麦和瑞典的地区发展与高等教育政策不同的发展轨迹。在丹麦，除了一些特别的干预之外，大多数区域政策从1991年来都逐步终止了。大量的区域发展政策都与欧洲结构基金有联系。在瑞典，区域政策从只关注北方逐渐转变成了更加均衡的进程，其对象是全国范围内的社会经济以及环境议题。在20世纪90年代末出台的地区增长协议的框架中，协调的责任被交给了各个郡（OECD，2003b）。

奥瑞松德地区的发展是一项地区工程，间接地由瑞典和丹麦两国制定的地区政策提供支持。这与绝大部分工业化国家所遵循的总趋势是一致的，而这一点限制了它们对地区发展的参与，转而关注于创造框架情境。奥瑞松德是这两个国家地区战略的关注焦点，并且也是外界的专门项目所支持的对象。作为参与奥瑞松德战略各部的非正式合作的结果，人们作出了决策。奥瑞松德委员会是一个政治性的跨境的双方地方和区域当局的合作机构（OECD，2003b）。

地区：奥瑞松德地区

奥瑞松德地区横跨两个国家，处于瑞典和丹麦两国跨境合作之中，代表了欧盟实现更广的区域发展的志向。它的中心同时也是它的象征，就是一座2000年投入使用的16公里长的桥。在目前经合组织研究的地区当中，本地区是唯一包含一国首都的（哥本哈根）。奥瑞松德的地区化目标是通过区域整合达到规模经济以及范围经济。奥瑞松德地区非常强调城市区；主要的都市中心是哥本哈根和马尔默。本地区 350 多万的人口占瑞典和丹麦人口总和的 1/4，并且其增长速度快于两国所有其他地区。在过去十年里，本地的外国居民人数有了很大增长[27]。这一地区包括了两国部分最发达的和部分最落后的区域。地区内部的经济差距正有增大的趋势，这是由于增长带来了负面的反溅效应，如周边地区的人口、产业和服务不断向城市流失，而这一负效应超过了其正效应（参见 OECD，2003b）。

大规模的城市发展和重建项目得到了可观的长期投资。欧洲最大的在建新城镇发展项目在本地区的中心展开，在 30 年内大哥本哈根区的奥雷斯塔德科学城将成为试验新技术的标杆实验室，成千上万的人将在那里工作。

本地区在生物技术和医药研究上仅次于伦敦和巴黎，位列第三。它在信息与通信技术、食品加工以及环境技术方面也有优势。本地的各个部分都极大地依赖于知识密集型服务部门。事实上，本地经济的很大一部分建立在传统的、低技术含量的业务之上。尽管超过 3/4 的雇员的工资单上没有本科学位，但低技术公司仍旧有竞争力，因为它们开展了大规模的在职培训。有证据表明，桥两边有着不同的劳动力市场，其组织机制也各不相同。

本地区的高等教育：奥瑞松德

奥瑞松德大学是一个由 14 所大学志愿构成的集团网络。在丹麦这边，大学学院（本报告出台时有 71 所）以及一些艺术院校不在集团内部。奥瑞松德大学有 1.5 万名学生和 1.1 万位研究人员。这一组织是建立在高等教育的区域联合基础之上的，尽管占主导地位的观点更偏好竞争。奥瑞松德科技区的九个不同的三螺旋平台为高校和社区之间提供了协作联系。

这两个国家的高等教育体系是不同的，丹麦目前是一个三元系统（研究型大学、大学学院与艺术学院），而瑞典的则是一元的，包括大学和大学学院。瑞典有着很强的社区联系的传统，包括私人部门为了研发和知识传播而联合到一起；而丹麦大学则保留了它们的传统：仅仅追求教学和研究的卓越而不着力发展它们与社会和经济的联系（OECD，2005f）。

高等教育和本地区间关系的发展轨迹与成熟程度

奥瑞松德地区的发展目标是建设成为领先世界的科学区，赢得在生物技术和医药研究上仅次于伦敦和巴黎位居第三的地位，以及增加跨边境的社会融合。政府参与到奥瑞松德地区和奥瑞松德科学区的行为主要发生在地方和市镇层面上。在 2007 年 1 月，奥瑞松德地区的丹麦部分新成立了两个区。在瑞典部分，斯葛纳区仍旧是奥瑞松德地区区域化进程的主要参与者。奥瑞松德大学在地区利益相关者面前代表全体高校上扮演了有价值的角色。一个关键的挑战是在拥有不同教育体系、不同劳动力市场和不同政治——行政制度的两国地区之间建立起联系。跨境合作通过使用技术平台建立起来。然而，院校之间经常展开竞争的教学与研究的核心区域事实上仍旧"没有限制"。新的发展趋势被视为自上而下的，参与其中的民间力量非常有限。

结　　论

在第二章和第三章对区域联合背后的驱动力及其阻碍的讨论仅仅简单触及了国家、地区和高校之间的差别。事实上，每一个地区都是独特的，而对于作出一个高度概括以适用于全世界的总结来说，理解高校的多样性和它们所处的环境非常重要。本章通过案例研究讨论了这一多样性，而这正是经合组织研究的核心部分。它突出强调了一系列能够衡量多样化程度的内容。

第一是地区本身的特点——历史和经济发展水平以及在本国所处的地理位置。坐落于那些经历过重大改革的旧重工业区（如英格兰东北部和特文特）的高校，相比另外一些所在城市被农村包围并且（或者）本来就是一个在农业区或是林区周围的工业基地（如韦姆兰）的院校来说有着很大的不同。私人部门的组织将影响到知识转移的可能性，比如说大企业和研发投资较低并且中小企业只能提供有限的本科就业机会。地方政府的结构也同样重要，如本地和地区政府在总体的经济发展和高等教育有关方面的权利与责任。

第二，话题转到国家与超国家层次，有必要了解现有的对于地区发展的努力有哪些，其形式如何，以及高等教育被视为实现地区间公平并且加强地区竞争力工具的程度又如何。比如说，就算没有特别的针对高等教育的国家地区政策出台，那些位于接受欧洲结构基金援助地区的欧洲高校对于参与区域联合，相比欧洲其他地区的学校，有着更强的动机。面对着全球化的挑战，有些国家现在只关注它们最强的地区并且支持当地最领先的院校。然而，高等教育和产业政策允许协作来支持地区发展的程度在不同国家是不一样的。

多样化的第三个方面与国家的高等教育体系有关。大多数国家的高等教育体系包括了多种多样的院校，从多学科的研究型大学（包括或者不包括医学院），理工大学，专科单科院校一直到职业和社区学院。高等教育发展的状况（扩张、稳定、收缩），公立和私立部门之间的平衡以及公共部门对于高等教育系统监控的性质和程度也是各不相同的。这一切的因素都与高校同当地进行联合的动机与能力有关。

最后一个方面同高校与地区的发展轨迹以及它们之间的伙伴关系的演化有关。所有的高校都有其历史，而这与它们现有的学术状况有着紧密联系。同样的，各地区还有产业以及社会—政治的历史。将这些历史综合起来就带来了两者间需求与期望不同程度上的不和谐。

在经合组织研究涉及的地区中，高校和公立与私立部门之间的关系被建设起来以支持地区发展。大多数经合组织国家曾尝试加强与企业和地区经济有关系的高校的实力。而联合的例子也在大多数地区的各类院校中广为人知。这些例子中的合作关系大都处于早期水平，属于自下而上的举措，只有有限的来自国家政府的参与与支持（韩国的案例除外）。早期阶段的特点是大量的由关键参与者所拥护的小规模短期项目。这样的合作关系要想发展成熟，需要满足如下条件：

• 在高校中心区域和地区机构的实际操作中嵌入联合与合作关系以及对国家政策进行相关调整；

• 每一个层级（国家的、地区的、本地的）和所有机构（政府、高校、商业和社区）明确的领导；

• 对于长期合作关系的承诺；

●所有合作者之间有效的协作——无论协作是不是金融、教育和科技部的政策整合，是不是一个地区内部企业单一声音的发展，是不是高校内部从不同原理进行的回应的协调；

●对所有相关者合适的激励——为高校明确提供长期的核心资助以使其得以可持续发展，同时对政府和其他利益相关方来说，这一点意味着对于投资创造回报的明确的衡量与报告；

●一个支持的环境——有着合适的财政体制，恰当的不会给高校和企业加上过大负担的问责制，传播好的规律的机制以及有效的沟通系统；

●一个大范围的议事日程以确保成员考虑到广泛的联合机会，无论是经济、社会还是文化的，此外还有对于结果的持续的评价和监控。

在参照地区和高校如何在不同的国家共同努力跨越阻碍并实现有效的联合后，接下来的三章详细阐述了这一多样性。

注　释

①关于 14 个地区的全部内容都可以从 OECD 网站 www. oecd. org/edu/higher/reginaldevelopment 上的自我评价与同行评估报告中得到。

②加拿大大西洋区的关键领域包括海洋科学、水产业、土豆基因组、海底钻探、同海洋资源有关的生物技术和生物化学等。

③这些高校不是属于大西洋大学协会就是属于大西洋省社区大学集团。

④加拿大农业和农业食品部在全部四个省运营了实验站，而加拿大林业署则运行弗雷德里克顿的新布伦瑞克大学下属的大西洋林业中心以及在纽芬兰的科纳布鲁克的另外一个中心。国防部在新斯科舍和本地区的其他地方都是重要的存在。海洋渔业部负责运营位于布列塔尼角的加拿大海岸警卫学院。国立研究委员会在本地区有四个实验室，每个省一个。联邦政府则通过四个部门为位于达特茅斯的贝德福德海洋学研究所提供资金，本所是全国同类研究机构中最大的。

⑤总体目标是"芬兰的福利制度和国际竞争力将建立在各地区的活力与国际创新能力基础之上，而这是通过区域提供的教育和研究来推进的"。

⑥在韩国，私立高校是非营利机构，大多由有实力的宗教或是其他慈善基金会资助，并且有来自教会的赞助者和捐赠者的资金。社区联合与服务在院校使命中非常重要，而且这些服务的价值基础都很明确地出现在了招生宣传中。

⑦在墨西哥，高校学生从 1950 年的不到 100 万增加到了 2000 年的超过3000万。

⑧在墨西哥，2003 年 25—34 岁人口中有 16% 接受过第三级教育。平均接受正规教育的年限是 8.7 年，在 30 个经合组织国家中倒数第二，这反映了本国高中教育完成率较低。

⑨截至 20 世纪 70 年代，墨西哥大约 80% 的学生是在首都区就读的；现在都市区和中南部地区入学人数占总数的大约 40%。

⑩在墨西哥，类似于技术大学、理工大学和跨文化大学这样的新型院校仍然只占总入学的很少一部分。尽管地区院校在 2001—2006 年期间达到了最高的入学率，入学人数却依然只占总数的 15.5%。

⑪在墨西哥，46% 的毕业生中极大的一部分，最终没有找到与高等教育带给他们的技能相匹配的工作，这说明劳动力供给和需求间的不协调。

⑫荷兰已经施行了知识券政策。它们是对于企业作出的一系列激励，旨在鼓励它们向知识机构购买服务以改进自身创新进程、产品和服务。

⑬挪威培养出了这样的观点：无论生活在哪里，每个人都应当能够获得就业机会、社区服务和健康的环境。公共部门的扩张在其增长过程中对于区域平衡是有帮助的，但是当它的规模开始缩小时就最终成为了问题本身的一部分。

⑭在西班牙，2007 年的新大学法的一个结果是，核心课程的决策将适用于各所大学。

⑮在西班牙，公立大学中有超过一半的教职员工是长期聘用的学者，他们是由国家规章所管理的。适用于学者的国家工资等级表以及与研究有关的成果认证标准也是由中央决定的。

⑯西班牙国家资助的大学可能还存在没有颁发学位权的下属系所。它们可能是私立或者公立的，但是并不会改变整所学校的性质。

⑰在加那利群岛，入学考试的通过率显著低于西班牙整体水平，而本

地区又是全国排名最低的地区之一。此外，本地一所大学的辍学率高出西班牙平均水平近5%，而另一所大学则略低于全国平均水平。

⑱1994—2003年期间巴伦西亚自治区共有移民45万人，其中23%来自西班牙其他地区，另外77%则来自国外。

⑲巴伦西亚自治区的人口密度从巴伦西亚的每平方公里272人到卡斯特利翁的每平方公里77人都有存在。

⑳巴伦西亚自治区的公立大学有巴伦西亚大学（成立于1499年）、巴伦西亚技术大学（1971年）、阿利坎特大学（1979年）、卡斯特利翁豪美一世大学（1991年）以及艾尔切的米格尔·赫尔南德斯大学（1997年）。私立大学有卡德纳尔卡罗·埃雷拉大学（2000年）和巴伦西亚天主教大学（2004年）。

㉑在瑞典，大学自治包括如下方面：如何组织运营，组织成员的划分，研究的组织，教育项目的体制和内容，本科项目和提供的课程，每一个项目的地点数量，研究情况，合约教育，颁发学位，资源配置，创设新的教授职位以及委任教授，研究生项目，除了校长以外人员的工资水平以及各项设备。

㉒20世纪90年代末，一些瑞典基金会对发展高校在地区中扮演的角色提供了大量的资金。

㉓在瑞典，大多数研究和创新行为发生在产业界，但是几乎所有的公共研究发生在高校中。

㉔韦姆兰的平均人口密度是每平方公里16人，而在某些市镇更是低至每平方公里3人。

㉕在英国，还有极少量的没有公共资助的私立学院。

㉖在英国，大学有着自身独特的法律地位；它们制订自己的治理结构并决定包括担任首席会计师的副校长在内的职员构成；它们对自己的财务负责；它们确立自己的工资、使命和目标；它们确定自己学术项目的结构；它们确立自己的研究优先项目；它们拥有自己的财产并且规划自己的资本项目；它们对自己的管理团体、学生以及质量保障机构负责。

㉗在奥瑞松德区内部的都市区里，外国居民的比例大约是7%，其中最高的是哥本哈根和马尔默，分别为13%和22%。

第五章

高等教育对区域商业
创新的贡献：克服障碍

　　本章探讨了高校与工商业之间的相互关系以及这些关系对政策的影响。本章主要分析了那些为了增强高校与创新体制和集群之间的联系而自上而下实施的政策措施。最后本章还着重讨论了那些能够克服地区商业创新障碍的政策实践和工具。

　　在知识经济背景下，创新对于生产力和经济增长是关键性的催化剂（Aghion and Howitt，1998；Scott and Storper，2002）。1970—1995 年间，发达国家国民生产总值增长的一半以上源于创新；随着经济日益向知识密集型发展，这一比例可能相应增加（Simmie et al.，2002）。因此，经合组织国家不断在科学领域进行投资。这些国家的研发经费占据了国家总财政支出的很大比例，通常在 40%—60%。这种投资相当一部分用于支持高校对全部的创新活动提供直接的或间接的支持，这些高校被期待不仅在知识创造，还要在知识开发方面有所贡献。高校，正如机场一样在许多地区发展战略中已成为"灵丹妙药"，象征着全球与地方的联结。

高校与产业的合作是高校贡献商业创新的基本来源，但这一合作可能面临着诸多挑战。这些挑战可能是文化上的，例如，企业和高校需要设法应付不同的逻辑和目标（市场效率是公司的唯一驱动力，然而高校却关注知识准备和训练）。这些挑战还可能与商业部门（特别是中小企业）吸收能力薄弱，企业对于高校作用认识不足，以及无力制订创新需求计划相关。这些挑战或许是研究部门的新创见在商业化过程中固有的。

这些挑战或许也是政策设计的内在产物。首先，国家科学技术政策能够加剧已有的高校和地区等级制度；它还会在无意中引起全球范围内的知识开发，这与国家范围内的截然不同。第二，基于创新的线性模型，在国家和地区层面上科技政策与创新政策之间的结合通常不够紧密。第三，科学政策侧重强调的是技术推动创新的途径，聚焦于研究制造业、高科技，忽视社会学科和人文学科给创新带来的贡献，例如服务提供上。最后，高等教育政策的链接作用一般来说少有发挥，学生角色也通常挖掘不足，尤其是这二者对技术开发所依赖的社会基础的贡献方面。而所有这些挑战会在高校自身及其与地区的互动的层面上同时显现出来。

如上文所述，试图加强高等教育与商业衔接的创新政策倡议得到了众多政府部门的推动，如科学技术部、产业与企业部、教育与研究部。创新规划还与旨在充分利用当地资源的区域政策息息相关，包括地理上的周边地区以及/或者那些正在进行产业重组的地区。

为了能够说明这些不同问题，本章不仅回顾了高校与商业、工业之间的合作以及鼓励这种合作的政策战略，也论述了众多自下而上的机制和实践，以便能够反映出国家和地区政府为了更好地利用高校资源以达到创新目的所用措施的多样性。

高校与工商业之间的合作

虽然高校已成为地区经济增长的发动机，但它们的作用却是间接性的。为实现对商业创新作出贡献，它们需要从事由公司承包出来的研究项目，出卖许可或者创立新公司以使研究成果进入市场。虽然大多数高等教育研究依然属于基础研究，但它们的研发工作和产业的相关性越发紧密，这种情况在高技术领域尤为显著。与此同时，几乎没有公司能够独立地掌控从最初创意到引入新产品或新工艺的整个创新过程。而这些趋势都有助于加强公司与高校之间的衔接。

高校与产业之间的关系通常分为三种主要形式：

● 跨国公司与世界一流大学之间的关系。跨国公司将部分研发活动转向外部，并找寻实验室、科学家和学生。

● 高校与小型高科技公司之间的关系（衍生公司和知识密集型商业服务）。

● 在区域背景下的公司，通常是中小公司与当地高校发展出来的关系。这些公司寻求的是短期内解决问题的能力。这些服务通常是经由高校周围的区域集群来促进的。

虽然高校的技术、知识和研究产出不仅适用于地区，也适用于全国乃至全球，物理上的接近性在高校与产业的关系中依然占据重要地位。例如，专利衰退效果在距离总部50英里以外便可被鉴定出来，学术论文被引用的次数急剧下降，表明在专利企业家和区域学术界之间存在着强烈的互动（Cook，2004）。接近性也会影响咨询工作和招生工作，而这些工作却是产业和大学联系的重要渠道，乃至常常比授予专利权和申请许可证更受重视（表5.1）。就这些活动而论，不同国家的大学表现出了不同的模式（表5.2）。

然而，物理上的接近性并不足以解释全部问题。许多研究表明，除了包括生物技术和信息技术在内的少数高科技领域外，相对来说，高校在创造公司新产品和新流程方面是信息和知识的次要来源（表5.3，英国情况信息）。高校与企业，尤其是小型企业的合作关系中继续有着显著的隔阂。首先，高校与企业拥有不同的目标和侧重点，在确定合作者方面也存在困难。第二，大学并非总是对公司提议的研究课题感兴趣，然而公司却欣赏比学术界所追求的更为专业的途径。第三，对研究成果出版的约束可能在高校产生某种抑制作用。然而，如果学术界和产业的关键驱动力（对前者来说是追寻新资源的需要，对后者来说是运用新技术）得以阐明，这些隔阂是可以跨越或减少的。在市场失灵的情况下，合作体系和激励可以帮助双方达成共识。

表5.1　对大学与产业间知识转化各类渠道的重要性评价（%）

咨　询	出　版	毕业生就业	联合科研	专利和版权	联合指导学生	其　他
26	18	17	12	7	9	11

来源：Agarval and Henderson "putting patents in context：exploring knowledge transfer from MIT"．Management science．January 2002.

表5.2　六个欧洲国家的大学科研与创新活动（%）

大学活动在下列领域的分布	芬兰	爱尔兰	葡萄牙	西班牙	瑞典	英国
科研合同	50	69	45	70	45	57
咨询	44	68	54	61	51	53
科学项目	42	68	42	82	44	48
对外培训	37	73	37	67	40	36
考试/培训	40	25	22	15	30	30
专利/版权	26	20	7	12	16	16
产学研结合孵化的企业	11	19	11	7	12	10
市场研究	6	6	6	5	6	6

来源：EU-TSER project，Universities，Technology Transfer and Spinoffs（UNITTS）adaptation of table 4.6，Andersson and Klofsten，1997，quoted in Cook（2004）．

表5.3　英国制造业创新活动的信息和知识来源（2000年）

类　型	知识来源	未使用的（%）	低（%）	中（%）	高（%）
内部	企业内部	32	14	27	28
市场	设备、材料、组件和软件的供应商	32	20	32	16
	客户或顾客	34	22	28	16
	竞争者	46	27	20	6
	咨询专家	62	22	13	3

续表

类　型	知识来源	未使用的（%）	低（%）	中（%）	高（%）
机构	大学和其他高校	73	17	9	2
	政府研究机构	82	14	4	0
	私立研究机构	82	14	4	1
平均值		54	22	18	7

来源：Laursen and Salter（Danish Research Units for Industrial Dynamics）.

政府创新战略的含义

经合组织国家已经采取行动来增进产业/科学的合作，减少或消除合作障碍，以及处理市场和体系漏洞，如研究体系中的制度僵化。考虑到区域发展定位在区域竞争、创新能力和技术提升方面，更好地促进大学提供的技能和服务与地方和区域企业的需求相匹配正成为区域政策中日益重要的一部分。改善商业对高等教育产出的开发能力成为区域政策制定者的首要议事日程。经合组织国家在这一领域所面临的挑战与以下几个方面相联系：

● 高校和学术界对商业和社会需求的响应能力（也就是需要改善框架条件并移除监管壁垒）；

● 激励与回馈机制，以鼓励高校加强研究与创新的联系，与公司和公共部门雇主一起从事联合研究，为中小企业提供服务，以及改善企业结构（也就是高校需要着手处理新任务并在区域创新体系中扮演自己的角色）；

● 高校和私人部门之间流动性的改善和私人部门吸收能力的提高（也就是需要在高等教育活动中为公司尤其是中小公司和集群创造更多的利益）。

针对这些挑战的回应常常依赖于教育行动、创新和集群政策方案的融合。这种回应还对改善学术部门和私人部门之间流动性、鼓励高校与区域发展组织进行合作的尝试和努力予以关注。表5.4描述了区域政策、教育政策、科学与技术政策和产业与企业政策的最近趋势。政策搭配是如何组织的取决于这个国家的国家和地区政策特点。例如，对于那些监管壁垒在教育体系中依然显著的地方来说，破除文化壁垒则需要更多的考虑和关注。在边缘地区，通常需要以中小企业作为目标来改善它们的吸收能力。而在跨界区域，高校之间的交流和联络则可能需要优化。从同一个创新平台层面来讲，高校与公司之间的合作通常仍然受到强调和重视，而不考虑它们的区域位置。数量有限的规划，尤其是在带有强烈地区等级的联邦国家，对地区公司和当地发展予以了关注。例如，加拿大的教育实行的是地区责任制，在联邦政府和地方的四个区域事务处的指导下，制定出专门的政策和规划，以满足不同地区的需要。

增加高校的参与潜力

在高校范围内对研究和知识活动放松管制是高校获取更大范围内的地区参与策略的第一步，或许也是必要条件。许多国家已经改革自己的教育法规，旨在给予高校更多的决策权和灵活性来适应不断变化的环境的需求。新法规为高校与公司的区域合作开辟了道路，也使大学和理工学院调整研究投资搭配以适应地区，尤其是发达地区的需要变为可能。经合组织国家已通过实施特殊行动①与开展彻底改革来改善框架条件，这些举措促使高校成为区域创新体系的节点以及加强高校与中小公司部门的联系②。增强更多具有企业性质的高等教育部门的发展成为许多国家的目标，但在实际操作中减少规则负担的进程却一直比较缓慢。（见第三章）

如果鼓励机制和成果监督不当，更大的自主权也无法保证高等教育部门在区域内进行参与。虽然大多数经合组织国家以改善与公司和地区经济相关联的高校装置为目标，但大多数激励措施一直来都是临时的，很少得到财政支持。（见第三章）

对高等教育放松管制减少了高等教育工作人员从事与公司合作项目所受到限制和阻碍。在采取放松管制、鼓励合作的地区，高校具备更好的能力去改善它们与商业的衔接程度并寻求新机会加强研究与合作。

区域创新政策的目标是开启高校和商业之间增强链接的可能性，建立新的制度上的连接并促进高校创造力的使用。两种最显著的方法：（1）将高校整合融入区域创新体系；（2）立足集群。

表 5.4 支持集群和区域创新体系的政策发展趋势

政策类型	过去的方式	新的方式	创新的焦点
区域政策	从发达地区向落后地区的重新分配	通过整合本地人力和资源，建立有竞争力的区域	• 纳入或聚焦落后区域 • 如果不能明确地，就实际地聚焦小型企业而不是大型企业 • 对行业和创新目标的综合性关注 • 强调行动者的参与
科技政策	资助单一行业领域的个体性基础研究项目	资助大学的产学研联合研究，包括基于大学与产业界的网络化合作以及科技成果转化方面的合作	• 重点关注高科技 • 利用和加强研发投入的空间影响力 • 促进联合研发工具以支持商业化 • 对大型和小型企业同样关注；特别支持产学研孵化出的企业
教育政策	关注高校的教学职能和"纯粹"的研究职能	密切与产业界的联系和联合研究；加强高校的专业化	• （根据研究预算）重点关注高科技 • 进一步强调商业化（例如支持某些高校产学研孵化出的企业） • 与大企业合作；增加高校与中小型企业的合作 • 将地区性高校视为本区域政策主导的创新项目的重要合作者
产业和企业政策	资助企业；关注国家水平的佼佼者	关注企业群体共同需求，支持技术吸收（尤其是中小型企业）	此类项目通常会使用下列方式之一： • 聚焦国家发展的"驱动因素" • 支持产业转型 • 帮助小型企业克服技术吸收和发展的障碍 • 创造竞争优势，吸引投资，开发出口品牌

资料来源：OECD（GOV）.

将高等教育整合融入区域创新体系

区域创新体系是国家创新体系按比例缩小后的版本。它们强调将区域作为知识创造和传播的最合适环境。区域创新体系需要产生体系的必要节点，也需要思想观点的持续流动和联结的促进作用。这些互动可能是使用者与生产者之间的互动，也可能是潜在竞争者之间或知识生产者和采用者之间的知识共享。

在区域创新体系中，影响高校知识转移和商业化的因素包括高等教育研究基地的力量和关注度、领导力、企业环境、激励和回报、与高校和研究机构的合作关系强度，以及资金支持能力。美国最为成功的大学依靠的便是多种因素的结合，这些因素包括发育良好的企业文化、广泛的交流联络、实力强大并颇受关注的研究基地、联邦研发基金和民间合作与资金的支持。它们也开始使用早期资本以启动创业公司（Innovation Associates Inc., 2005）。

许多经合组织国家已着手争取改善区域创新体系中不同部门之间联系和互动的质量。例如，通过为普通的大学—产业项目建立制度框架，实现了既定的目标。为了促进公共和私人部门研究组织之间的长期互动，更为正式的公共—私人合作关系已在许多国家建立起来。最近十年以来，公共—私人合作关系的存在数量有了相当程度的增加。

对商业产出的贡献投以更为强烈的关注同样也得到了鼓励。增加知识产权获益程度的政策机制有助于增加高校对创新和知识转移的贡献。在美国，拜杜法案（Bayh-Dole Act, 1980）允许美国大学利用联邦政府基金支持拥有发明创造，这对技术转移、商业化努力和大学提供了新的推动力。然而，这一方面的记录却是混杂的。虽然近十年来大学孵化企业获取专利的倾向在美国翻倍并且在许多其他经合组织国家也有所增长，但世界范围内却鲜有大学能够从研究的商业开发活动中获得财政收入。基于大学的研究活动获取的经济利益通常是不稳定的，至少在短期内依然如此。

一般来说，高校的位置及其与公司的合作方式常常是不稳定的。发明和专利的商业开发经历的复杂过程需要高校通过设立联络办公室（见专栏5.1）所培养出来的专门人才。在一些国家里，只有少数高校拥有联络办公室或创业中心（见附录 B 中主要项目精选）。例如，在法国，只有 1/4 的大学拥有商业服务部门。从员工和预算来说，这些联络办公室常常缺乏资源（如丹麦、挪威、西班牙或者意大利），并且对于获取专利投以过分的强调却忽略了通过授权许可方式来开发专利。

专栏 5.1　经合组织国家的产业联络项目范例

从资源和项目提议来看，高校的工业关系办事处是高度多样化的。它们包含了从技术转移办事处（TTO）或技术授权办事处（TLO）到富有雄心的提议，这些提议包括产业研究合作关系中广泛的投资搭配，技术转移，产业延伸和技术支持或产业教育与培训合作关系。美国的研究型大学在这一方面提供了一些最具创新性和最为成功的范例，这种成功通常基于创业动力和大学领导的首创精神，并且得到了联邦财政的援助和私人部门的支持。美国和其他地方的大学还更多地从商业世界雇用专家和企业家来领导它们的学会。

麻省理工学院（MIT）的产业联络办公室是实现大学与公司结合的最著名的典范之一。交纳会员费后，公司可以不受限制地享受专门的信息服务*。其他大学则为公司成立了"社团俱乐部"。例如，在英国，剑桥大学的计算机实验室和纽卡斯尔大学的软件可靠性中心都分别成立了俱乐部，它们邀请公司参加研讨会和座谈会，或者分发技术报告副本并组织进行材料互换。一些国家的高校成立了公司，在政府支持下解决技术转移问题（如芬兰或瑞典）。

一些高校为其所在地区提供定制服务。最初通过政府赠予土地而建立的美国普渡大学在印第安纳州的农业和工业技术推广中都占据着核心位置。近年来，普渡大学在通过创造科技型企业和新技术专利推动科技产业发展方面，扮演着越来越重要的角色。普渡大学设立了技术商业化办公室和研究园区，园区拥有超过 100 家公司和 2500 名员工。作为美国最为成功的研究园区之一的普渡研究园区坐落于一处偏僻区域，大学是那里最主要的经济活动。普渡大学还开发出了虚拟的"探索园区"，它成为跨学科研究中心的发源地。这些机构能鉴别出州里具有商业化潜力的技术。普渡大学还开展技术援助项目为印第安纳州的公司提供技术推广服务，同时为处于培养阶段的企业家开展入门项目。合作办公室和区域发展中心完善了大学的区域战略。

在一些国家里，教育部项目早已开始提供直接的支持。在韩国，大学在合同基础上成立了产业/大学合作部门（DIUC）。产业/大学合作部门（DIUC）一直在与

那些能够明确阐述其发展和培训需求的公司或公司集团建立关系。关注产业合作的大学在国家竞争的基础之上被加以区分，并被指定为区域枢纽，还可因此得到 5 年以上的津贴。部分资金（5%）来自于当地政府和商业。

＊麻省理工学院产学研合作办公室的服务包括信息服务和提供系列研讨会的参与机会、发放每月的时事通讯、提供专家界所组织的麻省理工大学研究的目录，以及组织学校访问和专家座谈，而这些访问和座谈常常能够衍生出顾问咨询或研究资助项目。麻省理工大学的产学研合作办公室由一批联络专家运行，每位专家联络一组特定类型的企业并针对这组企业的需求提供服务。

立足集群

将高校融入区域经济的另一种方式就是立足集群。正如波特所述（1990，1998，2003），集群在许多国家成为国内 GDP 和就业的重要部分，尤其是在非高科技领域。集群理论强调的是经济进程中不同阶段衔接而成的价值链的复杂系统，这样，每一阶段都能为整个进程添加新的价值。在这一背景下，高校能够肩负起催化角色，促使当地经济多样化进程，并允许集群扩展它们的产品和研究开发基地范围（Paytas et al.，2004）。由此发展下去，高校不仅能够提供"传统的"服务，也就是科技和知识转移、授权、咨询和解决问题服务，还能够为基于产业的技术前景和市场机会方面的无限制对话提供公共空间。例如，奥尔堡大学的联络中心正运行着 24 个基于集群的联络网，总共涉及 2800 名来自工业、公共部门和大学的成员。

许多国家已经启动了重要规划，通过活跃商业和产业与知识开发组织的联系来加强集群的力量。这些规划包括芬兰专业技术中心，该中心是此类规划的起源，特别是在其他北欧国家里；这些规划还包括设有 66 个制高点的法国竞争力制高点规划，以及日本的二元集群规划。这些规划显示出对高校角色的不同聚焦和由于缺乏自主权所受的限制。这些各具优劣的不同途径——基于经纪人的、具有企业性质的和专题的/经济领域的——纷纷被遵循和效仿。上述三项规划均涉及大量的利益相关者，这不仅产生了高额的交易成本，还增加了创新机会。然而，从长远来看，这种成本是可持续的，由此可能导致中央政府逐步减少经费。

这些规划中的每一个都可以得出更具有针对性的结论（专栏 5.2）：

● 芬兰专业技术中心规划中值得注意的地方不仅在于它长期稳定的特性，还在于其再生区域专业技术和吸引外国直接投资的能力。芬兰的经验突出了领导和管理的重要性。第一，大学和理工学院之间的劳动力区分并非总是清晰的，而且还存在着不正常竞争。第二，专业技术中心包括大量媒介组织，这使得整个中心变得非常复杂。有人认为，如果大学和理工学院在中心担任领导角色，它们将会更好地扎根于国家创新体系和区域规划中（OECD，2005a）。第三，虽然中心已拉近了大学与其所在城市之间的距离，但资金体系却限制了这种倾向。

● 在法国，高等教育的弊病对知识经济造成了巨大的挑战。一般来说，大学在竞争体系和经济生活中的作用可以通过改革高等教育的财政支持、管理方法和体系结构得到改善。相较于其他忙于知识经济的经合组织国家来说，法国在高等教育方面的投资是较少的。资金的增加将强化大学的地位。大学还因缺乏自主权以及在教员任免与薪酬政策上依赖政府而遭受困扰。管理改革将提升大学在知识经济体系中的位置。另外，还可以通过成立大学联合会来减少制度上的破坏。政府已通过引进新的法律朝这个方向采取了相应的措施，以支持建立研究和高等教育制高点（Poles of Research and Higher Education，PRHE）。与官方缔结的一项制高点发展协议说明了新结构的目标、资源水平和成绩评估体系。

● 日本二元集群规划突出了协调的重要性和资源的使用率。这是两个彼此独立的规划，一个关注于大学和公立研究所研发新技术，一个则关注于对商业化过程的支持，但它们拥有共同的活动网络。已通过引进更好的协调机制，来减少工作重复和资源使用不佳所带来的风险。

专栏 5.2 三项集群示范规划

由内政部发起的芬兰专业技术中心规划是国家创新政策中最为明确的区域要素。这些中心将注意力集中于许多不同部门的关键产业上，包括文化、传媒和电子领域，而且这些领域涉及私人部门里一定程度的区域专业化以及大学与理工学院里的研究能力问题。一系列中心遵循着国家竞争原则依次建立起来。2003—2006 年间，芬兰共有 18 个不同的区域中心。这些中心在国家范围内，同样也在区

域范围内，实行网络式的合作体系，以便能够提高它们的核心竞争力并在全国范围内建立一种互助框架。除了 18 个具有资格的区域集群外，有 4 个中心还拥有专门的国家行业，包括基于区域的附属中心。这些中心里有 3 个是与农村或边缘地区的产业发展相关的。大多数大学和理工学院已参与到这项规划中。芬兰为技术与创新活动提供资金补助的机构芬兰国家技术局（TEKES）和欧盟为这些项目提供了近 2/3 的资金。专业技术中心组织在 2007 年年初进行了改革，从而成为针对特殊能力集群的国家协调机构。这一决定是在专家意见的基础上做出的，并获得了创新和国际化进程的跟踪记录以及商业和产业领域的支持。目前共有 13 个全国性的协调集群，其中包括 4—7 个区域专业技术中心。虽然较主流科学与技术政策项目来说，这些中心得到的投资很少，但此项规划却被认为是芬兰区域政策中高度成功的部分。根据 2006 年的评估，1999—2006 年间 5250 万亿欧元的投资已在 5.78 亿欧元的总资金中起到杠杆作用。另外，这项规划创造了 1.3 万多个新的知识密集型工作岗位，维持了 2.9 万份工作，并导致 1300 家公司成立。

　　法国的竞争制高点规划是一项雄心勃勃的、由产业带动的规划，它涉及众多的利益相关者，并得到了相当数量的财政预算。制高点是由商业、研究与试验中心以及基础与深入培训组织构成的，这些组织通过它们的活动确保市场上可用的产品和服务有着令人满意的种类。目标是在区域内实现关键性的经济、科学与技术组块，以便保持乃至提高其活力。合作伙伴可从多种刺激措施中受益，包括公共津贴、税务免除和社会出资减少、融资计划和特殊保障。当位于某个制高点的研发（R&D）地带的企业参与制高点的关键产业项目时，可从社会贡献减除和较低的工资税（中小企业减免 50%，其他企业减免 25%）中获益。2005 年基于国家竞争指定了 67 个制高点，其中，6 个是世界性的制高点，9 个具有较高的国际知名度，以及 52 个区域性或国家性的制高点。2005—2007 年间，政府出资 15 亿欧元用来支持制高点规划的启动与发展。目前，这项规划正进入第二阶段。

　　日本技术与产业部（METI）启动的产业集群规划（2001—2005）旨在利用 19 个主要地区及其研发和产业基地的现有内生能力。这项规划的目的是为大学、产业和政府之间的交流与合作，局部运用技术的发展，以及以企业家为对象的培训活动提供支持。地区技术与产业部门办公室的 500 名国内政府雇员与 5800 家中小企业以及来自 220 多所大学的研究人员开展了合作。在 5 年内，技术与产业部共为这项规划投资了 3.5 亿美元。这项规划于 2006—2010 年间进入第二阶段。虽然技术与产业部将注意力集中于现有的产业力量，但由文部科学省（MEXT）开展的教育集群规划（2001—2005）却瞄准高校，旨在将新技术推向市场。规划通过建立交流网络以及对联合行动予以财政援助，实现改革研发中心并增加知识的流动性的目标。对于每一个知识群组来说，活动是由一个领导组织（通常为研发中心）来管理的。由科学技术统筹人和专家构成的小组主要通过组织论坛和研讨会来领导这些群组。在 5 年内，文部科学省（MEXT）共投资了 4.1 亿美元，涵盖了超过 18 个指定的群组和 5 个仍在考察的群组，每个群组平均每年得到 390 万欧元的补助资金。

政策实践与措施

许多区域、地区和城市的高校与区域发展机构合作，以关注它们在当地乃至全球背景下的一部分技术转移和商业化活动。由高校进行区域合作则是在科技研究投资和商业创新之间建立起了一种良好的合作机制，很多国家政府对此越来越重视，由此也对一些自下而上的创新活动进行了案例研究。

在下面的章节中，我们将讨论一些从经合组织国家中提取出来的创新行动，作为在区域、地区和城市/城市区域层面上克服一些企业创新障碍的范本。这些被介绍的特殊规划或行动的相关项目通常涉及多个参与者或机构。它们试图在利益相关者的正常操作过程中增加价值，以实现在高校和企业产生新的工作方式的最终目标。大多数案例都是在一个项目基础上构建的，现在形成相关高校核心功能的一部分。

这些范例阐释了高校能够显著增加它们的区域和商业创新贡献的特殊领域。这些领域包括新的企业形式、对已有企业和产业的支持和服务、外来投资的吸引和保留，以及在城市区域框架里高校和产业之间新协议的创建。[③]

发展新企业

一种被广泛使用的知识开发机制是由高校及其学术员工和毕业生共同参与的新的企业形式。基于硅谷、波士顿地区和英格兰剑桥的经验，这被认为是在科学研究之后建立一种新型经济体系的一种方式。综观经合组织国家，高校和政府区域发展机构已为衍生活动给予了大量投资。然而，对以大学科技开发为基础的新的企业形式进行衡量后得出的证据表明，即使在美国这样一个这类活动的障碍比其他任何地方都少的国家里，衍生公司还是表现出新办业务年利率低于3%的现象。

一般来说，政府及其机构主要投资于科学园、得到财政支持的孵化器和被批准的风险投资基金，以加快高等教育的衍生，虽然这些投资的侧重点和收支预算会有所不同。除了某些特殊案例〔例如，弗兰德技术转移项目（TETRA Flemish programmes），见附录B〕，大多数规划都将高科技产业的建立和发展作为优先考虑的问题。为满足位于农村或内地城市地区被排除群体的更广泛的需要所建立的支持社会创业和发展创新的体制却受到限制。另外，对于在经合组织国家里占据劳动力70%的服务业以及如卫生保健这样的就业密集型领域也重视不足。

衍生活动通常在研究和商业活动中涉及一个物理界限。高校和地区的经验体现出一种变化趋势，即商业创新和新的企业形式被嵌入学术活动的中心，这些学术活动多是在特殊部门的研究和一般与专题的教育规划中进行的（见第六章）。同样，高校管理中心对其在技术转移的工作中所扮演的历史传统角色正进行调整，从而变得更加积极主动和富有合作精神，搭建起与外部的机构、企业和学术团体交流的桥梁。

支持已有的企业和产业

虽然创立新企业是目前区域经济多样化的一种方式，但最大的收获却是通过提高现有企业的竞争力来得到的，特别是对于至少在数据方面来看控制着大多数区域经济的中小企业来说。然而，中小企业在与高校的合作过程中却面临着巨大的困难（见表5.5）。一种不断出现的解决方式便是要求高校首先应在相对较小的企业或技术问题方面予以协助，随后将企业带向更为创新性的产品/工序/服务的发展过程。

表5.5　按公司规模统计公司与研究机构基于产品创新的合作

		10—19人	20—99人	100人以上	全　部
丹麦	大学和研究机构	9	16	31	17
挪威	大学	17	23	34	28
	研究机构	32	41	56	48

		10—19 人	20—99 人	100 人以上	全　部
奥地利	大学	9	22	48	33
	研究机构	18	20	29	24

注：上述计算未区分国家级和地区级合作，但是，对于小公司来说，合作主要是本地和地区
性的。

资料来源：Christensen, Gregersen and Rogaczewska quoted in B-A Lundvall：The University in the
Learning Economy，DRUID 2002.

专栏5.3　特文特大学创业新人计划

1984 年特文特大学创立了"创业新人计划"（TOP, Temporary entrepreneurship position），旨在协助大学毕业生、员工和来自商业贸易领域的人开办他们自己的公司。1984 年以来，大约有 370 名个体受到了创业新人计划的支持，约 320 个公司因此成立。根据 2000 年的数据，所有公司的存活率是 76%，5 年后这一数字达到了 89%。TOP 公司一般是拥有 5—6 个雇员的中小企业。它们每年都会创造大约 150 份新工作。

每年会有 20 个左右的创业新人计划参与者，这些参与者必须具备以下条件：①对一个知识密集型或技术导向型且能够与大学的专业技术领域相联系的公司拥有具体的想法；②每周至少有 40 个小时的自由时间；③拥有符合若干设定需要的商业计划。在享受支持的一年时间里，创业新人计划的企业家能够得到办公空间和设备、网络使用权限、一个科学和一个商业负责人，以及一份 14500 欧元的免息贷款。这份贷款必须在公司离开创业新人计划项目后的四年内偿还。

正如本章已经提到的那样，协同工作中的障碍在两方均有存在。为克服这些问题，公共/私人组织有时由此成立，用以在双方配合过程中起到调解作用；然而，在特定情形下，企业支持环境可以变成一片中小企业和高校均陷入其中的泥淖。

下面，我们将列举一些在区域/国家层面上于中小企业和高校之间构建桥梁的实践活动。对于中小企业来说，建立一个单一的切入点在许多区域被证明是成功的做法。在英格兰的东北部地区，由 5 所大学成立的知识学院对现有的企业进行支持，这种支持平衡了科学城对研究密集型大学和

基于技术的企业之间的关注。在美国，佐治亚理工学院的经济发展学会是大学延伸服务的最早的组成部分，它通过 13 个区域办公室每年为超过 1000 家企业提供服务（见专栏 5.4）。

专栏 5.4　中小企业进入大学知识基地的切入点

成立于 1995 年的知识学院是英格兰东北部五所大学（杜伦大学、纽卡斯尔大学、诺桑比亚大学、桑德兰大学和提塞德大学）合力筹建的，另外北部的开放大学通过大学区域联合会（Unis4NE）也参与其中。知识学院帮助公司利用大学技能、专门知识和专家资源。它通过合作、咨询、培训和研究为发展思路和解决问题提供专家方案。知识学院有一个中心大本营，在合作伙伴一方也安置了工作人员。这个活动网及其运行是由基于网络的询问处理/项目管理和客户关系管理系统维持的。知识学院每年收到超过 1000 份客户公司的咨询，处理大约 200 份客户合同，业务增长率平均 25%。知识学院的活动所累积产生的经济影响经评估已超过 3500 万英镑（6 倍的投资回报）。与活动网仅提供广告宣传服务不同，知识学院提供的是从摇篮到坟墓式的服务，其服务从项目管理和交付过程中的收据和咨询流通延伸到项目完成后的评估。除此以外，知识学院还与其他非大学类的商业支持机构，如商业联系服务和区域发展机构，通过缔结正式的协议和共同指定方式来发挥其在东北部地区整合强化商业支持服务方面的作用。

始于 20 世纪 40 年代的佐治亚理工学院经济发展学会（EDI）是美国最大的基于大学的经济发展项目之一。该经济发展学会通过由 100 多名专业人士构成的员工队伍和分布于国家各个地区的 13 个区域办公室来为企业提供服务。区域办公室里面的员工大多数都拥有工程学位，并且在私人部门有过工作经历或在其服务的社区有过生活经历。EDI 为佐治亚州的公司设计了一套全面的服务体系，以帮助这些公司提高其生产力和竞争力。它还在质量和国际标准、能源和环境管理、精益企业转型、信息技术、政府合同、贸易调整协助，以及市场营销和新产品研发方面提供高技术的解决方案。它的服务项目组合包括讲习班和研讨会、短期课程、认证、信息传播和推广服务。今后，经济发展学会旨在把更多的注意力投放在产品研发、市场营销和吸引投资方面。公司一旦过了初期阶段就将为这些服务付费。2004 年，EDI 通过项目、技术协助、辅导讲座和信息需求等途径共为 1889 名顾客提供了服务；公司通过采购协助中心的帮助总共获得了价值 5 亿美元的合同；经济发展学会还帮助吸引或保留了 1.125 亿美元的投资并且创造或维持了 450 份工作岗位；在公司里创造或维持了 11778 份工作岗位。公司在经济发展学会的服务中所占比例日益增加，其全部花费的 1/3 都用于这方面，其余的 2/3 则用于联邦和州政府。佐治亚理工学院是制造业延伸合作组织（MEP）的一员，这个组织是由帮助中小型制造企业的技术协助中心形成的一个国家联合网。制造业延伸合作组织是经济发展学会最大的联邦赞助方。2004 年年初，因为联邦财政预算减少，制造业延伸合作组织对 EDI 的资金投入被削减了 75%，从而导致三个区域办公室被撤除，针对 300 个公司的服务项目也被取消。

资料来源：Innovation Associates Inc，2005.

外来投资的吸引和保留

高校能够为区域提供进入全球知识库的途径，且与那些有潜力在各地进行投资的国际企业有所联系。这不仅包括目前在国际舞台上进行运作的企业，也包括那些较小的地区企业，然而这些地区企业越发能够从任何地方得到商品和服务信息，并且异地从事上游产品的加工，以利用不同成本/环境条件的优势。对于两种企业而言，"不动的"高校成为当地能够与全球相捆绑的一种途径，以改善这个区域的发展。最近的例子就是挪威的特隆赫姆，当谷歌、雅虎和一些小型的新兴公司建立了它们的研发（R&D）部门时，特隆赫姆已成为"欧洲的搜索首府"。当地搜索社区中技能人力资源的可用性和挪威技术大学的临近是关键因素。

发现区域的竞争优势并且发展其已有强项尤为重要。虽然多数区域发展战略聚焦于创造本地新产业，但至少对于大部分非大都市区域来说，改善现有产业与吸收维持内部投资可能会带来一种更为持续的解决途径。多数与高校，特别是研究型大学相关的当地产业都将注意力集中于高科技部门/活动。然而，也并非总是如此。在西班牙巴伦西亚区域的卡斯特利翁省，一个相对较新的大学与传统产业建立了联系，并通过改善地区的中小企业（SME）的吸收能力帮助其成为全球领导者。（见专栏 5.5）

虽然卡斯特利翁项目对中小企业尤为重视，但相关证据显示至少一家大企业的存在可以对大学—产业关系产生有益影响。例如，对美国 268 个城市地区进行的一项调查发现，一家大企业的存在对于大学与产业研发之间的关系质量有着积极的作用力（Agarval 与 Henderson，2002）。这从英格兰东北部的案例研究中也可找到明显证据，日产公司和桑德兰大学的紧密联系对于区域内基于集群的发展、内部投资的维持和劳动力普遍技能的提高均有所裨益（见专栏5.5）。

专栏5.5　西班牙卡斯特利翁和英格兰东北部改善现有产业基地行动

　　卡斯特利翁一世大学对于传统瓷砖生产群的重大改组作出了贡献，这一生产群由多数为中小企业的500家企业及其3.6万名员工组成。这种联系是通过陶瓷技术协会（ITC）来协调的，陶瓷技术协会是由大学陶瓷技术协会和陶瓷产业研究协会之间的协议而形成的一个非营利性组织。在特定前提下，陶瓷技术协会可以提供大学的知识、技能和专家意见的使用机会。它也提供陶瓷产品的质量认证测试，是欧洲仅有九个可以提供类似服务的实验室之一。两个协会共同使用构成研究基础结构的设备、器材、材料和员工。陶瓷技术协会拥有23名学术人士、53名毕业生、27名技术工人和27名建设方面的支持员工，还拥有总共8千平方米的实验室、试验工厂、会议室、办公室等。技术转移、衍生公司和改善现有技术，支持了群组的成长和发展。这种合作使得巴伦西亚成为砖瓦和陶瓷产业的全球领先者。

　　"二战"后，英格兰东北部的经济发展是由吸引流动的制造业区域投资来驱动的，利用较低的土地和劳动力成本与政府补助的优势。虽然许多投资被重新配置到欧洲以外的地区，但剩下的却取决于高水平的制造业生产效率。东北部生产力联盟（NEPA）是一个由产业、学界和政府机构组成的区域联盟。东北部生产力联盟成立于2001年，项目涵盖了劳动力发展、最佳实践改善工程（由一个产业论坛支持的）、数字化工厂设计以及与高校相关的受赞助工程人员。桑德兰大学和参与公司一起受理了50%的东北部生产力联盟项目。其成功*的关键在于和英国日产汽车制造厂达成支持东北部生产力联盟的协议。日产是区域内最大的制造商、世界上最多产的汽车业工厂以及区域内汽车部门的基石，直接雇用了4000名员工，每年发放1.7亿英镑的工资。东北部生产力联盟向供应链上的其他主要厂商推广了其最佳做法，提供集体学习经验的机会。

　　＊ NEPA的成果包括由制造厂员工获得的5000个二级国家职业资格证书，数字化工厂器械和技术方面的2000名设计工程师，以及8个产业导向型的研究项目。

发展科技型城市

创新不仅需要使用那些在版权和专利中可整理的知识，还需要通过个人经历和社会交流而获得或传达的不言而喻的知识。具有高人口密度的城市建立这种知识联系变得轻而易举。高密度的互动和高度互动机会的出现可能为实现创新创造了最理想的条件（Burt，2002）。因此，许多经合组织国家在创新过程中都将更多的注意力集中于城市和城市地区。这里列举的事例来自于英国、墨西哥和丹麦（专栏5.6）。

英国在科学研究事业方面有着良好的传统，但在将研究转化为商机方面却较为薄弱。在创新行动中不同区域也存在着显著不同的变化：许多传统产业地区失去了它们的动力，如在19世纪和20世纪初期本为创新摇篮的英格兰东北部地区。2004年，英国政府开始采取措施来解决这一问题，指定了纽卡斯尔、约克郡、曼彻斯特、诺丁汉、伯明翰和布里斯托尔6个"科学城"，以将城市/区域政策与科学、创新和高等教育政策联系起来（专栏5.6）。科学城市被一种三重螺旋式的合作方式建设，旨在使大学与产业之间的关系更为紧密，移除科学的商业开发过程所遇到的物理上和制度上的障碍。虽然科学城市规划是相对新兴的，对于当地经济的作用也还没有显现出来，但在一个高度集权的国家里它却可以为边缘地区的城市层面输送资金。在纽卡斯尔，科学城市规划使得当地大学赢得了英国第一个干细胞研究许可证，也成为在伦敦、牛津和剑桥"黄金三角"之外仅有的两个国家级健康服务研发中心之一。

和许多经合组织国家一样，墨西哥的地区经济是被首府城市区域控制的。然而，作为墨西哥最具活力和企业性质的区域之一的新莱昂州却在与美国交界的国家领土边缘位置。该州的发展很大程度上依赖于其发达的核心城市——蒙特雷。国家科技院对区域知识中心进行投资，知识中心往往随时准备采取与国家科技政策相符的区域措施，以便为企业更有效地开发大学的研究基地。

在丹麦的日德兰半岛，经济是由中小企业控制的，奥胡斯大学（University of Aarhus）在当地政府的帮助下将其信息通讯技术研究和教学集中于城市（信息技术城市，Katrineberg）的老工业区。这种发展包括计算机科学、计算机工程、多媒体、信息服务、传媒研究、商学院、建筑学院和工程学院，包括300名员工和1 800名学生。大学还用亚历山德拉协会的形式创造了一套全面的组织结构，用来把这一活动与当地及国际企业联系起来。

专栏5.6　科技城市

2004年，英国东北部地区的主要城市泰恩河畔纽卡斯尔（Newcastle upon Tyne）被设定为科技城市之一。纽卡斯尔大学、市议会和区域发展机构之间形成了一种合作关系，以从媒介组织上加强"上游领域"和研究基地的联系，并且在实质上和功能上将企业嵌入大学的核心。目标是将本地的研究力量与本区域、国家和国际层面上足够多的、达到"临界数量"的商业伙伴结合起来，并通过孵化衍生公司、改造现有企业和吸引内部投资来建立一个新的经济基础。其原始的管辖领域包括干细胞生物学和再生医学、老龄化和卫生、分子工程以及能源与环境。纽卡斯尔科学城市是在创办国际生命中心过程中所得经验的基础上建立起来的，国际生命中心旨在将区域内制药产业的大量生产改造成以大学医学院和医院开展的生物技术开发为基础的统一整体。

蒙特雷国际知识中心是在新莱昂州三所最好的高校组成的联合团体基础上成立的，这三所高校分别是新莱昂州自治大学、蒙特雷技术学院（ITSEM）和蒙特雷大学。蒙特雷国际知识中心促进了蒙特雷市和新莱昂州的经济发展。该联合团体的一个关键的合作伙伴是国家科技委员会，该委员会是一个在墨西哥大学中以竞争为根据对基础研究和研究生予以支持的资助机构。其他的合作伙伴包括一个研究与技术创新园区，一个受州政府赞助的创新与技术转移协会以及由州政府成立的覆盖东北部各州的区域整合项目（INVITE），这个项目通过与得克萨斯州在研究和创新过程中进行跨国界区域的培养合作来提高区域竞争力。国家科技委员会以多种方式对知识中心予以投资，如在州里11个已申请的由大学自己成立的研究中心周围，又对6个新的研究中心进行支持。大学也会相应地调整它们的技术转移工作。

亚历山德拉研究所（Alexandra Institute）是一个基于研究的有限公司，它在信息技术领域的研究者和公司之间扮演媒介角色。虽然许多丹麦公司在新产品的研发阶段都有用户参与其中，但他们却几乎不会利用最新的信息技术研究成果。然而，亚历山德拉协会却专门为公共和私人部门的合作伙伴的创新活动加入研究要素提供框架。协会对于实施项目有三项要求：①项目必须涉及用户的参与；②项目

必须利用国际上高水平的信息技术研究成果；③项目至少有一家私人公司参与其中。因此，所有的项目不仅有一个研究部分，还有一个发展部分以将具体成果带给公司（如工业样品）。每个项目还有一个项目队伍，包括研究人员、学生、公司雇员和用户组织的代表。项目资金有广泛的来源渠道，其中公司资金支付了至少一半的项目花费。

为区域经济的利益而整合地方和区域高校的贡献

经合组织的研究包括大量促进知识经济发展的规划行动。高校可以共同协作并分享资产，以改善和增加其为地方与区域公司和公共部门雇主所提供的服务。它们可以获得举足轻重的研究任务及其创新活动的高效的商业化过程，并提升它们的竞争优势。将研究型大学和理工学院/社区学院聚合起来的行动将会对知识经济的发展尤为有利。

构成加拿大大西洋地区的四个州共有 14 所大学，这些大学主导了该区域内的研发基地。知识的流动是为了确保经济发展的利益，也为了笼络那些无法承担商业化功能的小型大学，跳板网络（Springboard network）于 2005 年正式成立。它在鉴定成功指标和聚合高校资源方面是独一无二的。在厄勒（Öresund）丹麦—挪威跨国区域也成立了一个相似类型的联络网；它将两个不同国家的 14 所大学联系了起来（专栏 5.7 和第八章的专栏 8.4）。

专栏 5.7　支撑知识经济增长的高等教育网络

成立于 2004 年的跳板大西洋有限公司（Springboard Atlantic Inc.）是一个由大学技术转移/产业联络办公室构成的活动网络，这些办公室旨在支持加拿大大西洋省区内大学研究的商业化。该网络是由加拿大大西洋地区发展机会机构（ACOA）旗下的大西洋创新基金、加拿大自然科学与工程研究理事会（NSERC）的知识产权流动项目和 14 所大学成员（即阿卡迪亚大学、凯波布兰顿大学、戴尔豪斯大学、纽芬兰纪念大学、曼特艾里森大学、曼特圣温森特大学、新斯科省农业学院、新斯科省艺术设计大学、圣弗朗西斯萨维尔大学、圣玛丽大学、圣托玛斯大学、麦克顿大学、新伯伦瑞克大学和爱德华王子岛大学）资助的。

该网络可为其成员大学提供如下服务和资源：①交付教育规划（如知识产权）；②为研究者和企业人员筹办网络活动；③推进产业资助研究；④评估发现成果；⑤为理念项目的市场营销手段提供检验。该网络是由联邦政府区域发展机构加拿大大西洋地区发展机会机构发起的。该网络也是商机局大西洋创新基金的使用途径，设立这笔基金的目标在于通过发展知识产业来增强区域经济实力。

厄勒科学区域平台试图将参与跨国界的厄勒大学的 14 所高校联系起来。在这两个国家（丹麦和挪威）共散布着 9 个与特殊产业/服务领域相关的网络或平台*。因此，这些平台是围绕着区域的核心能力进行组织的。每个平台都建立了相关区域企业的数据库和深入各自核心能力的组织体，这使得引导专业知识数据从高校到目标发展领域成为可能。例如，厄勒数码网络、厄勒食品网络和厄勒信息技术学会是产生区域发展成果的关键部门领域，因为它们主要是由小型公司组成的。同一个组织覆盖下不同平台的存在也为受益于范围经济开发了潜力。厄勒科学区域的不同平台之间（相互）学习优势和跨界交流也能够得到开发。例如，厄勒食品网络是与医药谷平台联系在一起的，而厄勒数码网络则是与厄勒信息技术学会联系在一起的。

　　* 厄勒科学区域平台：医药谷学会、厄勒信息技术学会、厄勒环境学会、厄勒设计、厄勒后勤、厄勒食物网络、厄勒数码网络、厄勒纳米、人文学科平台。

结　论

高校对企业创新的贡献在新的制度环节和新的合作类型中有所反映。这些新的行动规划利用高校与企业之间若干交互模式，而高校和企业通常是由大量的利益相关者/公共/私人机构或协调组织连接起来的。它们拥有一个共同的目标——不仅要将研究成果转移到企业，还要支持地区与区域经济的内部发展，特别是被中小企业支配的区域经济。

许多合作伙伴已设计了一系列阶段来利用限时的公共资金。在此过程中，高校和区域利益之间联合行动的能力得到了逐步的建设。研究者、企业和协调支持服务的物理接近是另一个特征，或在最初的合作关系中建设，或在合作成长阶段增加。由此，与企业的知识交换更加嵌入高校的习惯和实践中，包括教学和研究。

　　经合组织国家对于和私人部门在研究和创新领域进行合作以及政府资助的研发对公司影响力的增加均拥有很高的期待。科技政策改变了其关注的重点，将学术研究的商业化和与私人部门的合作放在优先考虑的位置。这是从大范围的以高校为目标的项目中得出的证据。然而，高校并非总是准备好来扮演此种角色，它们的技术转移和许可证办公室通常急切地需要更多的资源，与其他知识转移组织也没有很好地结合。高校也在联系中小企业的过程中面临着困难，特别是在那些吸收能力较低的区域。研究成本通常被低估，产生的收益通常也令人失望。

　　可通过三种途径进行改善政策。第一，需要在院校层面上普及企业文化，增加与产业合作的意愿。第二，合作研究的资金投入一般不会关注区域公司，或不与区域优先考虑的问题相联系。许多区域用于资助学术事业的风险资本均处于供应不足的局面④。区域对竞争前的研究和风险资本进行投资将会有助于弥合这种缺口。第三，在中央和区域层面上，政府应该考虑以长期新发展为目标的研究与以使用和传播现有技术为目标的开发性研发之间合理平衡，还应该发展更多机构间的、相互补充的协同与合作。从研发项目的最初阶段就与公司进行合作，这样可以增加学术研究的创新潜力。

　　经合组织国家越发依赖高校能够在许多方面变得更具企业性质，不仅能够使机构受益，还要对经济发展作出贡献。以上的战略和项目为大学如何通过区域合作促进创立更具经济主动性的机构提供了范例，这些机构的研究和企业参与看起来是相互促进、相互协调的。下一章将对人力资本发展在教与学方面的相似程序是如何准备妥当的进行回顾。

注　释

　　①范例包括韩国的技术转移促进行动。韩国也修订了产业教育与学术产业合作促进法（2003 年），该法为有效的大学—企业合作、高校独立的会计系统的引进和学校公司的建立设置了框架。为了更好地契合新的能力和技艺的需要，丹麦的大学行动（2003 年）也致力于教育投资和属性的延伸和发展。因此，几所大学被授予了提供学位课程的许可，以缓解区域技

能的短缺情况并满足当地的需要，如在工程方面（如阿胡斯大学和南丹麦大学）。

②在日本，国立大学已被转换为国家大学法人。这种改变强化了大学在人力和物力资源上以及在与中小企业部门的联系上的自主权。增加高等教育和公司之间的研发合作和流动可能会逐步减少对于大型公司内部研发的依赖性。

③选择这些案例是因其经验具有潜在的可转移性。然而，对地区/区域背景在时间和空间中的重要性不可过分强调，还需考虑到经济发展的历史、当前产业和社会人口形势、地区和区域政府的组织机构以及区域在国家领土范围内的位置。相对于国家体系来说，区域内高等教育体系的发展也同样重要，而且区域合作的时间长度也很适当。

④私人资金资源可能并不容易获得，因为私人资金的目标是在使其投资赚取最大的回报。就种子和前种子风险投资来说，在相对较短的时期内通常难于获得投资回报。另外，一笔私人资金可能更倾向于资助区域外或国家外的衍生公司，因为它们具有更强的竞争潜力。因此，通常需要一些调整性的框架来确保这些资金的某一部分能够用来投资地区和区域内的衍生公司。

第六章

高等教育对区域人力资本
形成的贡献：克服障碍

　　本章讨论的是高校在地区人力资本体系形成和"学习型区域"建设中的作用。我们以几个经合组织国家为例，阐述了高校在这一领域中的不同角色。第一，高校可以通过诸如终身学习和数字化学习等方式扩大接受高等教育的机会，尤其是对那些边远地区和/或接受高等教育传统比较薄弱的地区。第二，高校可以通过提高劳动力素质、加强与雇主的联系、支持新企业创办等促进劳动力市场供需平衡。第三，高校可以为地区吸引并留住人才。

　　在上一章中我们讨论了高校参与地区创新体系的方式，主要聚焦于"硬性"贡献，如对企业创新基础设施的投入，包括专利/授权活动、咨询和知识转移、专业设施的提供（如实验室、科技园和孵化器）。虽然经合组织国家正确指出了学术界的研发活动的重要性、延伸机构和专利的发展，但这种发展方式有时是不平衡的。对"硬性"贡献的强调忽略了知识转移最有效的一种机制，即内生于学生和毕业生身上的知识通过劳动力市场被吸纳到地区知识经济中（Martin and Trudeau，1998）。这种"移动的知识"是高校在地区发挥作用的关键因素。因此，本章从更广泛的意义上讨论了劳动力市场过程对地区技术和组织动态机制的作用。

在经合组织各国内部和各国之间，劳动力市场的多元化和供需方条件都有很大不同。区域和地方的发展进程以及治理方式的区别对于人力资本发展都有重要影响。在这种意义上，对劳动力技能升级方法的分析需要与地区劳动力市场相联系（Peck，1996；Martin and Morrison，2003）。目前对于劳动技能形成和升级的分析很少关注到地理维度（OECD，2006h），地理和技能策略之间的关系只是在最近才被一些经合组织国家认可（见 DfES，DTI，DWP，HM Treasury，2003 等文献）。

高校在建设"学习型区域"中发挥着关键作用。所谓"学习型区域"指的是一个经济发展和个人成就均达到最大化的区域，而这依靠的是教育机构、个体学习者和个人动机相互配合从而形成一种持续学习和技能更新的过程。它是人力资本系统的一种独特表现形式，具有互相联系的劳动力市场，其中的个体可在工作生活中不断进步。因此，个体为了应对市场需求、增加薪酬潜力和追求自我实现而寻求学习机会从而形成地区人力资本。企业家精神和企业教育能帮助学生更好地被当地企业雇用，也可增加对那些知识的需求，激励更多人参与学习（Lundvall，1922；Lundvall and Borras，1997）。

本章呈现了几个经合组织国家（确切说，是当前经合组织研究中的 14 个区域）的例子，强调了高校在区域人力资本形成和获取中的不同作用。地方、区域和机构的回应可以减少一刀切的问题，而在回应多元化的企业和个人需求时，一刀切的方式是极不适宜的。然而，地方的解决方案并不能保证政策效果。与人力资本形成有关的实践不能脱离那些致力于教育和区域发展的国家层面乃至超出国家层面的政策框架。国家当局对高校的强调既可能是推动因素也可能是限制因素。此外，地方和区域雇主单位介入的缺乏也是政策有效性的障碍，当然也是区域差异的一个来源。

扩大受教育机会

人力资源的发展是促进增长和提高国际竞争力的关键因素。对个人来说，教育可提高就业率及工资，对国家和地区来说，教育可提高劳动生产率，促进经济发展。教育的不公平意味着人的潜力被浪费了，受教育不足的个体不仅不能为国家繁荣作出贡献，同时还可能增加社会成本。低受教育水平是贫穷的重要决定因素。而那些移民、边远地区和非主流社区的人、社会经济地位较低的儿童更有可能受教育水平较低（如Grubb et al，2006）。财政压力的增加使得高校更多地接收能够受得起教育的人，而从地区发展和教育公平的角度看，这未必是最需要接受高等教育的群体。

高等教育系统的区域可及性

高等教育的国家体系在过去十年中发展迅速，使许多新的群体得以接受高等教育。在一些国家这种增长离不开对区域发展不均衡的关注（第二章）。北欧高等教育体系具有非常强调公平的传统，其高等教育扩张最主要的原因就是使新的群体接受高等教育，以减少受教育机会在性别、出生地和社会经济地位上的不平等。[1]

在北欧国家，人力资本发展的公平性主要是通过自由教育、慷慨的学生资助、提高地域可及性和强调面向非传统学习者的开放教育和继续教育等方式来实现的。但是，这些国家聚焦于对数量的强调（如入学率或学习成本），却忽略了对学习产出质量的强调，而后者也可能成为教育公平的一个关键维度（Davies et al.，2006）。[2]类似瑞典残疾学生政策的有目标的政策干预值得考虑，通过这样的政策，个体能够有意识地被以不同的方式对待（OECD，2008）。[3]

一些国家在高等教育公平计划中专门引入了区域维度（见专栏6.1）。

专栏 6.1　澳大利亚的高等教育公平项目

高等教育公平项目（Higher Education Equity Program，HEEP）是"为了澳洲未来"计划的一部分，2004 年该项目接受评审，以保证其资金确实用到了最需要帮助的那些人身上。而这又使得澳大利亚于 2005 年启动了两个新的项目，即高教公平支持项目（ESP）和高教残疾学生资助项目（DSP）。ESP 项目的资金分配主要考虑高校中来自较低社会阶层的学生数量、巩固率、学生成就，并向来自农村和边远地区的学生倾斜。DSP 项目则主要由那些志在为残疾学生提供资金和/或设备支持的高校申请。

资料来源：第三级教育专题评论（OECD，2008）

多数国家的高等教育系统都承受压力而形成体系分层，进入精英高校显然会给个体在劳动力市场上提供地位优势，这种优势通常跟个人特征或家庭背景无关。因此，如果某些地区没有精英高校而且学生又不能流动的话，个体就不可能通过接受高等教育的方式来改变自己不利的社会地位。但另一方面，高等教育向大多数地区的扩张都可创造原本不存在的机会，而如果当地知识经济所提供的就业机会也在扩展的话，公平的目标就有可能实现（比较 Brennan and Naidoo，2007）。

在发展中国家，促进增长和创新不仅需要高等教育部门的扩张，还需要扩大参与。墨西哥的高等教育急剧扩张，但是对高等教育的参与却仍然属于经合组织国家中最低的（Brunner et al.，2006）。在巴西，18—22 岁的青年人中只有 7.6% 接受过高等教育，地区差异非常大，并有证据显示社会经济地位较高的学生反而更多地从学费低廉的州立大学中受益（见专栏 6.2）。

专栏 6.2　巴西巴拉那：地方当局推动高等教育扩张

巴西各级教育的发展水平都较低。近期的高等教育扩张主要发生在私立院校，并且未能完全体现出劳动力市场的需求。高等技术院校的注册人数不多。巴西高等教育的管理权主要下放到州一级，州高等教育协调委员会负责管理区域内的各高校，向国家科技和高教部汇报工作。该委员会主要是咨询性质的，面临把高度分化的高教部门的不同观点统合起来传递给州政府的挑战。

在巴拉那北部，要从粮食生产向知识经济转型，需要公私立大学的共同参与，包括巴拉那最大的州立大学隆德里纳大学和其他几所开办在隆德里纳的私立大学。其中，UNOPAR 有 1.2 万名在校生和 6.3 万名远程教育学生。仅该校就提供了巴西 30% 的远程教育机会。尽管如此，有限的入学机会仍然是该地区高等教育的主要问题，能够找到机会并且读得起当地大学的青年人比例非常低。

州政府和市政府有意通过两年半的短期技术课程来降低学习费用和促进学生就业。德隆里纳的公共部门采取了一系列保障措施，包括通过赠予土地的方式吸引天主教大学来到该地区提供特定课程。另外，联邦技术大学也开办了分校，以保证短期学位在市场上的竞争力。首先创办的是市场需求较大的食品技术和化工专业。

　　具有多元文化基础的高校应满足该区域本地人和其他少数族群的特定受教育需求，这也有助于这些社区激发人们的斗志（见专栏 6.3）。但是，如果高等教育不是面向所有市民的，则高校有可能低估其他文化的价值。

专栏 6.3　蒙克顿大学：文化自豪感的标志和地区经济发展的催化剂

大西洋加拿大地区约有为数 30 万的阿卡迪亚人三个世纪来一直在为保留自己的文化而努力，该民族传统上主要依靠农业和渔业生存，如今他们已经成为大西洋加拿大地区最活跃的一支力量，有充满活力的企业家阶层和强干的社区领导。以东北部新不伦瑞克省蒙克顿为中心的这种文化复兴和经济活动，有时被称为"阿卡迪亚奇迹"。其中成立于 1963 年蒙克顿大学功不可没，它是魁北克之外最大的全法语教学的大学（算上分校），迅速成长为阿卡迪亚人艺术生活、科学成就和社区发展的中心。该大学产生过三名省长。约 80% 的毕业生都留在新不伦瑞克省，这个比例相较于整个大西洋加拿大地区更高，这也说明社区和大学之间联系非常紧密。

终身学习和远程教育

国家和地区生产力的差异可以由劳动者教育和技能获得的差异来解释。在经合组织区域，超过 1/3 参加工作的成年人都是不具备足够资格的劳动者。老龄化社会依靠年长工人来传授技能。由于工作中所需技能的快速变化，终身学习和技能更新变得越来越重要。随着经济结构调整和劳动密集型产业向劳动力成本低的国家转移，提高当地劳动力的水平以使拉动经济增长就成为一种很大的压力（OECD，2006h）。现代增长理论强调人力资本获得与经济增长之间的关系，从而为教育投资提供了动因。一国的劳动生产率和对低技能工人的人力资本投资之间有强烈的正相关（Coulombe，Tremblay and Marchand，2004）。

对知识经济的强调和对人力资本投资以提高劳动生产率和竞争力的需要，使得过去十年的公共政策对成人学习的强调有明显的增加。不同经合组织国家成人教育供给有显著不同、政策方法和分配系统也不尽相同。北欧国家、英国、瑞士和加拿大等国的大部分劳动力都从成人教育中获益（OECD，2003c），而其他国家的参与率则低得多。有的国家的公立机构在组织和提供培训中占支配地位，而另一些国家则是靠私立培训机构或者社会组织。有的国家通过工资税来资助培训并强制要求工人参加，有的国家则采取市场方式（OECD，2006h）。

技术提升的战略重要性在地区和区域层面最紧迫，也是在这个层面上大部分计划最能得到许多利益相关者的支持（OECD，2006h）。成人学习者，由于已经与某个特定地区建立了联系，就不像年轻学生那么容易流动。因此，提升他们的技能往往对地区经济表现有更直接的效果。如果地方的行动力不足的话，技术提升应该成为国家政府的战略目标。在一个成熟的高等教育体系中，受教育机会必须扩展至所有人群。总的看来，目前高校更多的还是面向传统的学生。专业计划的提供还应该更具灵活性，以利于非传统学习者、半工半读的学习者和公司雇员们能够方便地进行在职学习、电子学习或远程学习。高校也应该支持非正式或者不太正式的学习（见专栏6.4，以及第三级教育专题评论，OECD，2008）。

专栏6.4　通过远程教育扩大偏远地区入学率

2002年，芬兰人口稀少的北部地区的4个高校联合建立了拉普兰省立大学（Lapin maakuntakeakoulu）联盟，以此支持区域发展，扩大高等教育入学机会，增进高校之间的合作，促进创新。该联盟提供本科和硕士层次的学历教育及非学历

教育，通过远程学习和面授相结合的方式延伸到偏远的社区。最近该联盟扩展了自己的服务，现已提供开放教育、职业发展课程、专家咨询、研发服务、预测和评估服务等多项内容。该联盟与拉普兰省内一批公立和私立高校密切合作，共同对省内四个管区的学习和发展需求做了系统的研究梳理。高校参与了区域和子区域层面的战略发展规划制定和实施。针对该省升级发展旅游业的区域发展目标，提供了相应的服务和教育。该联盟利用了子区域中的现有机构和基于互联网的多种服务。在教育部的推动下，芬兰其他地区也采取了类似措施，有效利用了高校和民间机构已经建立的量大面广的成人教育网络。

2001 年，蒙特雷理工学院（ITESM）在新莱昂州缺乏传统教育服务的边远地区设立社区学习中心。这些中心得到来自国际基金会和私人部门等多方面的巨额资助，灵活和交互地使用现代科技，提供基本读写能力、信息技术和其他成人学习项目，还有面向青少年的旨在提升边缘社区的生活质量的课程，课程都使用现代技术。有一个网站提供学习内容和支持服务。如今，不仅仅新莱昂州的每个市，整个墨西哥其他 700 多个地方都建立了这样的中心，目标瞄准墨西哥最贫困的地区，得到了联邦社会发展部的支持。这种以新信息通信技术为支持的社区学习中心模式已经被拉美许多国家所效仿。

在爱沙尼亚，一个大学联盟通过边远地区的 10 个学习中心为生活在两个大学域之外的人提供教育。在冰岛，教育大学和阿库雷里大学都是采用了现场教学和远程教学相结合的方式。教育大学的远程教学通过中心——边缘模型将国家标准应用到该地区。阿库雷里大学则是通过设立在全国 8 个社区的终身学习中心来进行远程教育，依靠网络和电话会议等设备连接到该大学。阿库雷里大学 35% 的课程都采用远程教育（见第三级教育专题评论，OECD，2008）。

一些国家表示将会通过高校合并减少独立高校的数量，整顿高等教育体系（见第三章）。合并的主要目的就是强化国家科研环境。这种趋势的动机不仅包括人口老龄化严重和学生数量未来将要减少的观点，也包括提高国际竞争力和做强高校的需要。如果在高等教育部门规模减小的同时，远程教育、数字化学习和终身教育没有逐步发展起来的话，这可能与高等教育的广泛参与和地区公平是背道而驰的。

高校扩大入学机会的联合行动

从当前的经合组织研究来看，没有足够的证据表明高校和区域利益相关者已共同承诺处理劳动力技能偏低和与之相关的失业问题。地区及其边缘化社区内的高校通常并没有为增进社区学习热情和扩大受教育机会的系统化而努力。但是，在英格兰东北部，由英国高等教育基金会资助的国家扩招计划以及该地区的低受教育水平使得高校采取了联合行动（见专栏6.5）。

专栏6.5　英格兰东北部扩大高等教育入学机会

英格兰东北部在教育成就上低于英国平均水平，这在第三级教育比第一二级教育更为显著，差距正在不断扩大。在读写、算术，包括成人扫盲方面东北部地区与全国水平差距最大。一直以来，该地区劳动力市场对毕业生的技能需求不高，因此阻碍了而不是推动了对高等教育增加投入（CURDS，2005）。

该地区的5所大学参与了国家扩招计划（Aim Higer），它们单独或集体和不同层次的教育机构之间建立联系，以期改变当地某些社区文化氛围，鼓励更多人上大学，这些社区以工人阶层为主，而且很少有人上大学。同时，他们也努力说服当地私人中小企业雇用毕业生。

不同的大学采用了不同的技术来提升他们在非传统学习者及其社区中的印象。包括：①与继续教育学院合作；②自愿入学，同时利用体育和文化促进参与；③学生的社区志愿服务活动，对学生和社区都有直接的教育意义。例如，提赛德大学正在引领和8个继续教育学院的长期合作关系，称为"高等教育与商业合作契约"。为了创造性地满足那些失去学习机会者的需要，它采取一种合作的策略，以解决地区发展乏力的问题。

区域高等教育联盟中的一个特别委员会（Unis4NE）正在扩大高等教育入学机会方面的区域合作。由此，本地区的高校得以联合起来向政府争取提高高等教育的拨款额度。例如，为了响应英格兰高等教育拨款委员会提出的终身学习网络工程，东北部全体高校共同提出建立一个单一的区域网络计划，相比之下，其他很多地区的高校出于内部竞争只能各自为政地提出了零散的申请计划。

促进劳动力市场的供需平衡

平衡个人发展与区域经济发展的需求是高校和致力于增加人力资本存量的地区面临的一个主要挑战。在对毕业生需求较少的落后地区，高等教育为年轻人提供了一个合法的升迁途径，在短期内不可避免地会驱使他们离开该区域。④另一方面，为了挽救处于衰退期的生产部门，试图通过教与学的匹配来留住毕业生，这对学习者和区域经济均无益处，除非它明确的是为了通过技能更新来提高这些部门的竞争力。这说明，为了激发各类企业创新的研发措施，必须与致力于加强地区劳动力技能的教育行动联系起来。

高校对本地劳动力市场的影响主要取决于来到该地并留下工作的那些学生和毕业生的知识水平。有高校"制度的惰性"的案例，有时，它们更愿意提供那种投资成本相对较低的课程，而不是那些对本地区未来发展有利但成本较高的技术与工程类课程（如巴西的私立高校）。人才与劳动力市场的不匹配通常可以归因于以下几点：首先，是劳动力市场情报的缺乏和地区雇主与高校/毕业生之间的信息不对称。其次，是高校与雇主之间的协作不足。第三，对新企业的支持不足。

建立劳动力市场情报

人才外流和劳动力技能缺乏不仅仅是落后地区的问题，大城市也常常由于供给不足、技能结构错位、人才外流等因素而出现该问题。在工业部门，雇主无法找到合适且合格的工人。城市及其高校完全可以搜集雇主对教育需求的信息，并研究如何满足这些需求。它们也拥有必要的信息、专家和知识来预测未来愿意在该地区落户发展的商业部门所需要的劳动技能。随着城市劳动力市场的复杂化，以及更迫切的高技能劳动力需求，商业部门对这些劳动技能的需求将逐渐增加。

毕业生数据库、毕业生发展调查、校友调查、毕业生就业情况统计和就业能力审计等都面向不同的学历开展过，但是其规模通常很有限（如仅针对某个高校或者某个专业），尚未形成整个地区的综合情况。通过建立、传播和使用劳动力市场情报来发展地区毕业生劳动力市场系统的最有效方式包括：

• 建立劳动力市场情报数据：开展综合的地区层次的调研，了解毕业生情况、毕业生就业机会、就业能力和雇主需求，地区内高校提供合适的课程，使得供需两方面的信息相匹配。

· 公开劳动力市场情况数据：将数据汇集一处，使得学生在选择专业时可根据自己心仪的职业和完善的数据做出理性决策，毕业生和雇主也可以走到一起，学生可以更好地就业。

· 有策略地使用劳动力市场情报：对数据加以分析，甄别地区发展和变化的优先级，而在院校层面，既可以根据数据调整课程，也可以调整雇主所需的技能。

专栏 6.6　平衡劳动力市场供需

多伦多推出了一项面向 2001—2010 年的"劳动力预备计划"，由商业机构、劳工代表、教育部门和各种层次的政府机构共同合作。该计划提供了整个城市区域劳动力市场的概况和针对三个产业集群的详细行动计划。包括多伦多大学在内的一个团队在分散的数据来源基础上提供未来劳动力市场的预测。

在美国，为了缩小技术类雇员之间的能力差异，"大城市高校技能强化合作计划"（SEPI）提供了一系列的教育和培训项目。在英国伦敦，也有类似目的的两个计划：伦敦高等教育联盟创立了一个论坛，使得高等教育界的代表可以共聚一堂，为伦敦发展出谋划策。泰晤士河口区—伦敦伙伴计划是一个子区域联盟，由地方当局、大学和伦敦发展委员会共同组成，与私人部门合力促进泰晤士河口区的社会经济复苏。

改善与雇主的联系

劳动技能的供给很少能够与地区的大企业或小企业的需求相匹配，从而降低了地区创新的潜力。因此，对许多经合组织国家来说，提高和调整当地毕业生的技能情况是一个关键问题。它所涉及的政策包括提高课程质量和对当地人的适应性，加强在职学习和预修课程以使得学生能够获得雇用技能并建立与地方企业的联系，提供继续教育项目和更新当前劳动力的技能水平。业本学习的概念得到了许多经合组织国家中央政府的关注（见专栏 6.7）。

专栏 6.7　业本学习

"业本学习"是以人为载体将知识在高校和当地企业之间转移的方式。Conventions CIFRE，法国政府的一项计划，它支持私人企业招募博士候选人。被招募的学生在大学或公共实验室的导师指导下，选择企业中的应用性问题开展博士论文研究。

在英国，知识转移合作计划（前教学公司模式）提供一笔经费支持人才的流动，有策略地引导知识向商业部门转移。90%的工业界合作者都属于中小企业。

"合作教育"的概念也在加拿大的许多大学发展起来（如滑铁卢大学的合作项目），帮助学生完成作为课程的一部分的工业实习。这些计划都已得到证明是在提供就业机会方面非常成功的。

高校面临着多渠道改善教学活动的压力。有些压力会鼓励院校增强地区影响力，尤其是还可以开源增收。因此，高校开设了面向地区企业或支持地区重点产业政策（如某些集群或某些部门）的短期定制课程。例如，北欧的卡尔斯塔德大学和于韦斯屈莱大学（Nordic Universities of Karlstad and Jyväskylä）设置了学位和继续教育项目来支持所在地区造纸技术部门的发展和特隆海姆石油工业的发展。

许多院校都承诺促进毕业生就业，并且在课程建设上听取用人单位和学生的意见。有些院校还通过运作校友网络来获得课程反馈（如墨西哥新里昂的高校）。它们安排了"科学商店"，公司可以带着潜在的问题来，这些问题会转化为学生的项目。低门槛的知识转移系统不仅在高技术部门建立，而且也在其他类型的涉及学生和企业的产业和服务部门建立，包括在企业和学生间建立的基于网络的"集市"，如德拉格的挪威技术大学的创意门户网站。

高校也可以提供结构化和目标化的教学计划，以应对职业技能更新之外的特殊的地区发展需求。它们也可以使在校生、毕业生与当地雇主建立联系。比如，卡尔斯塔德大学的大学职业服务计划支持公共部门的发展，韩国东西大学（Dongseo University）的家庭企业系统监测釜山中小型企业的发展状况（见专栏 6.8）。

专栏 6.8　回应区域需求的定向发展计划

　　卡尔斯塔德大学职业服务公司建立于 2005 年 1 月，主要处理学校面向公司和公共机构的委托培训相关事宜。该公司有 5 名员工，利用卡尔斯塔德大学的教员和来自瑞典等国的外部专家组织安排课程。这种安排是对大学传统教学的一种补充，提供了更多实用的以及和区域相关的课程。它使得大学的演讲者可以建立外部联系，体验多样的教学方式，接触到有趣的案例以应用到他们的常规教学活动中。而该公司的客户包括韦姆兰郡议会、市政府等公共机构，造纸业协会等非营利性组织，阿斯利康（制药有限公司）、爱立信、美卓（制浆造纸技术）、SkiStar 等公司。它还拥有包括江西大学和若干挪威郡县在内的国际客户。课程主要目标是提升教学和科研能力，课程领域包括文化与学习、管理、企业管理、健康医疗、工业、信息科学和技术，比如有制浆技术、生产管理、工商管理（MBA）、造纸技术、企业管理、计算机稳定性分析等。

　　家庭企业系统是釜山东西大学经过四年的发展，于 2004 年设立的计划。该计划规定，一位导师将与五家公司建立联系，这些公司将为学生和毕业生提供实习及就业机会。556 家公司参与了该计划，并通过紧密的合作大大减少了招募新员工的成本。而大学则从以下几个方面受益：①开发适合企业需要的课程；②有效利用实习项目；③共享设备；④与企业联合指导学生项目；⑤为毕业生增加就业机会；⑥增进大学声誉；⑦增进大学对社区发展的贡献。家庭企业系统的存在是2005 年釜山大学能从国家新大学区域创新计划（National New University for Regional Innovation Scheme NURI）中赢得 5 个项目的重要原因。

　　高校与地方企业在劳动力市场上一个非常重要的互动就是聘用当地私人企业员工作为讲师。例如，在北欧国家，高校常常利用企业和社会上的高技术人才作为兼职教师和教授。这对高校和相关公司都是有利的，但这种类型的关系目前还不太普遍，其影响也难以评估。研究人员/教学人员向私人部门的短期流动主要涉及较大的公司，它们通过与高校签订正式的协议而雇用学术人员从事研发工作。研究人员以临时的或合约的方式为私人部门服务的机会在各国有很大不同。在中欧和南欧，流动性较低。在西班牙，研究表明教学人员几乎没有流动的动机，流动并不被重视，也很少受到外部的认可，教学人员的流动在法律上也有重重障碍。

　　一些高校已经开始重视雇用性技能和可迁移技能的培养，从而将区域合作纳入核心课程体系中（见专栏6.9）。

专栏6.9　将区域合作纳入核心课程体系

基于问题的项目制学习（Project-Organised Problem-Based Learning）：丹麦日德兰北部在1974年建立了一所新的大学——奥尔堡大学，这是多年呼吁的结果，而这种呼吁的过程也就使得该大学与商业部门、贸易联盟和文化生活等周边社会的各个方面都建立了紧密的对话关系。早期一个重要的决策是将研究和教育活动建立在跨学科、问题导向和团队合作的基础上。在基于问题的项目制学习中，专业都是围绕跨学科课题以团队形式来组织的。高达50%的课业任务都是基于实际问题的项目：学生们组成团队来解决那些与学校合作的公司、组织和公共机构中出现的实际问题。任何时间学校都有2000—3000个正在实施的项目，这就保证了学校与社会和私人部门的高度合作关系。奥尔堡模式使得各方均从中受益，学生们掌握了可迁移的技能和真实的工作经验，企业更加了解大学的主张以及作为潜在员工的学生们在公司可以发挥的作用，大学也得到了反馈、可用于教学的案例、科研的新想法等。

"专家团（Experts in team）"：位于挪威中部特隆赫姆市的挪威科技大学（NT-NU）是挪威第二大的大学，1996年由挪威理工学院和自然科学学院这两所历史悠久的机构合并而成。挪威科技大学的挪威科技工业研究院在帮助其联系现有的区域行业和支持新的工业基地（如20世纪70年代发现了南海石油之后兴起的近海工程部门）发展方面扮演了重要角色。挪威科技大学引入了一种制度创新，即"专家团"（跨学科的团队合作），这是指派给所有硕士研究生的一个项目。"专家团"以课题研究的形式来组织团队，每队有5个来自不同学科的学生，还有一个教授充当引导者。每个团队成员保证他/她的专有技能和专业知识对共有的问题解决过程有所贡献。"专家团"处理的很多项目有特定的区域聚焦。从2001年到2005年，参加项目的学生数量从780个增加到1300个。因而"专家团"是挪威科技大学历史上最大的教育发展项目。

支持创建新企业

如第五章所指出的那样，高校和区域发展机构都非常支持创建新企业。在这方面，美国走在了欧洲的前面，美国有400个创业委员会，而欧洲仅有100个。麻省理工学院（MIT）在推动培养研究生企业家方面已经进行了 40 年。但总的来说，在这方面的成功还很有限。这可能是由于创业教育主要来自课程之外的额外补充。越来越多的证据表明，整合在核心课程体系中的创业知识教育更加有效 （Gibb，2005；Binks，2005）。

促进创业最常用的模式是由企业创业中心、企业孵化项目和公共关系网络提供的选修课程、创业计划、交际网络等。这些项目为来自所有学科的学生提供真实的创业建议和指导，也可能会提供培训服务、一对一咨询服务、法律服务、商业竞争咨询和孵化服务。高校也在独特的选修课程模块引入了有关企业的内容使得学生可以学习策划、营销和金融等商科。这种模式属沿袭传统的商学院创业模块，并没有很好地适应学科需要，也较少与真实的实践相联系。

这些都说明有必要将商业创新和创业嵌入到学术的核心——院系的研究工作以及各科的教学计划中。这样，学生可以开展情景化的学习，并可以在教室中通过项目工作获得知识和自信。

吸引并留住人才

一些经合组织国家设计了吸引各种人才（包括学生、研究者、IT 技术专家、科学家等）的政策。这些政策中包括税收激励政策、归国计划和增强学术职业吸引力等。吸引顶尖学者、研究者和高技能的知识工人等正逐渐取代吸引外资，成为区域发展机构的关键任务 （Young and Brown，2002）。例如，在魁北克，政府通过免掉 5 年个人所得税的方式来吸引信息技术、工程、健康科学、金融等领域的外国学者来该地区的大学工作。在芬兰，诺基亚投资于外国员工的文化适应以提高生产率，这同时也是留住人才的一种方式 （OECD，2004）。这些政策需要仔细制定，因为不同类型的移民受到不同动机的吸引。区域政策制定者需要与当地的高校紧密合作，以合适的方式吸引高水平人才和学者。另外，人才吸引政策应该依国家和地区的不同而不同。由于关键的产业集群越来越在地区间分化，由那些与工业界联系紧密并且熟悉当地劳动力市场的机构来制定人才引进计划是更好的选择。

专栏 6.10　强化创业精神

位于芬兰中部的于韦斯屈莱应用科技大学（Jyväskylä University of Applied Sciences）于 1993 年成立了一个名为"群英学院"（Team Academy）的特殊部门。它旨在促进在校生和毕业生创业，强化学生的创业精神，并帮助中小企业和其他公司利用大学的专家知识来营销、管理和创业。同时，它也是为商业生活开发的各种新学习方法和模型的试验田（如建立有效的团队，学习型组织和现代营销）。群英学院提供一个为期 3.5 年的特殊教育项目，为部分学生提供定制教育。每位学生都要作为团队中的一员，通过情景化的学习和实践项目接受高强度的领导力培训和营销培训。群英学院只向商科学生开放，但是该校利用这一资源为全校学生开发了一系列促进创业能力的课程，称为"新生企业家之路"。在过去十年间，为满足商业生活的需要，群英学院开展了 1750 个项目，为超过 500 个工商管理学士提供了创业教育，催生了 17 个公司以及大量在学习过程中运作的合作社。该学院 15% 的毕业生都是活跃的创业者，尤其在服务部门和咨询行业。群英学院因其创新的学习方法和为推动创业而作出的突出贡献多次获得国家级奖励。

蒙特雷技术与高教研究所在 20 年前发起了一个关于创业的计划，由创业发展中心的创业领导部门面向全体本科生提供一门必修课。创业发展中心还包含一个公司孵化器，促进那些有高增长潜力、承担社会责任并具备国内国际竞争力的公司的创立和发展。孵化器包括两个部分：大学科研基础上的技术项目和所有其他项目。除了发展创业技能，该大学还保证有前途的学生和想法在项目孵化的关键阶段得到足够的支持。

高校越来越多地投资于它们的校友组织，而这些组织也越来越倾向于吸引校友到当地工作。有的高校为了留住毕业生在本地区工作还会为优秀学生提供业本学习的机会。如特文特地区的撒克逊应用科技大学为优秀研究生专门设计了培养方案——"冲锋"，其中包含大量业本学习的模块（见专栏 6.11）。

专栏6.11　"冲锋"高潜力管理发展计划

"冲锋"计划是荷兰特文特地区的撒克逊应用科技大学为了留住本地有潜力的毕业生而专门设计的一个研究生项目。在两年的学习时间内，"冲锋"计划的受训人员接受定制的管理培训，并在当地不同的公司或组织内经受3个为期8个月的工作锻炼。组织往往需要能够即刻作出贡献的创新型员工，通过这个项目，组织的人才需求便可与优秀的毕业生相互配对。对于参加该项目的学员来说，还可通过自我意识的训练、同伴发展、持续的评估、同行和教练的反馈等得到一种个人发展。

6年来，200多名学员与超过100个不同的雇主合作完成了学业。在为地区挽留人才方面，"冲锋"计划也格外成功：95%的"冲锋"计划毕业生都留在了本地工作，该项目甚至还鼓励荷兰其他地区的毕业生也迁居特文特。

区域人力资本体系的战略协调

从若干互不相连的部分发展到一个整合的区域人力资本系统需要某种程度的协调和转向，尤其在教育的不同阶段之间。许多国家每一阶段的教育都由不同层面的政府机构来管理，而雇主的投入程度也各不相同，同时"学术"路径和"职业"路径总是泾渭分明。通常，高等教育是由国家层面的政府机构或行业协会来管制，中等教育或职业教育由区域或次区域层面的机构来管理，而对16—18岁年轻人的教育则更多的是地方的职责，当然各个层面的力量在统一的国家框架内运作。最后，不管基于个人利益或雇主利益的继续教育通常都是在竞争激烈的市场中不受管制地运作。对高校来说，保证高等教育的升学路径畅通，以及让毕业生进入能够容易获得技能提升的劳动力市场，是一个严峻的挑战。因此，要使高等教育在区域人力资源形成中发挥全部潜力仍然是困难重重的。

这些障碍表现在多个方面，可能是高校提供的课程与区域所需技能完全不匹配，也可能是高等教育入学机会有限，包括中学和大专院校毕业后的升学机会以及非传统学习者（远程、成人、终身）的学习机会。高校之间活动领域的分割可能阻断升学机会，造成课程重复或是供给差距等。同一地区不同高校学生之间的竞争可能影响有效合作、专业化和质量提升。这可能不利于学校将区域商业发展需求整合到课程体系的设计和实施中，不利于学校鉴定毕业生的未来雇主，并与这些雇主及有意向的学生合作以增进区域商业的聚合水平。最后，教育的影响可能局限于传统的学生和传统的用人单位，没有考虑到提高高等教育的开放性和区域经济知识密度。

机构间的战略协调可使区域最大限度地从其教育活动中受益。这种机构间的协调活动，包括高校通过巩固各自的优势，以及共同鉴别市场失灵和体系故障，从而促进对区域人力资本系统的整体管理。不同类型的高校在人力资本的形成中发挥不同的作用。正如世界银行（2002）所指出的，"每个国家不同的和不断增长的公私立大专院校形成了一个网络，支持发展所必需的高层次生产力"。⑤许多国家越来越相信大学与多科技术学院/社区学院的合作和协调将形成协同作用，提高对区域客户的服务能力，而与社区学院或中学教育的合作则不那么普遍。

在那些拥有多样化高校的区域，机构间的相互协调可以创造出尽可能多的教育路径，允许学生在不同的机构间流动，既可关注核心市场，又不致忽略边缘学生，比如那些偏远地区的、远程学习的或半工半读的学生。如果一个区域中有相似的教育机构，则互相之间的协调允许它们各自专注于一定的领域，分享成功经验，避免恶性竞争。另外，机构间的协调还可促进彼此的能力建设。总之，高校间的协调将具有以下好处：

● 临界质量：随着区域内竞争的加剧，高校间的对话有助于鉴别区域优势，吸引人才，而这种优势未必与高校的教育优势完全一致；

● 多元路径：在受教育程度较低的地区，多种机构间互相协调形成的迁移路径和认证体系能够保证非传统的学生也能轻松获得合适的高等教育；

● 共享学习：高校间的合作可以促进成功经验的分享，并为解决特定的人力资本问题而形成区域高等教育支持系统；

● 问题解决：当存在高等教育供给不足的问题时，高校间的合作可以填补教育空白，更好地满足区域利益相关者的需要；

● 形成高校间共同的声音（见第八章关于区域高等教育协会的内容）。

结论：区域人力资本体系管理

　　高校能够为区域和地区劳动力市场提供关键的人力资本输入，而这种输入能力依赖于毕业生的保留率。通过提供大量受过教育的个体，高校可以增进一个地区的知识生产能力、吸收能力和创新能力。高素质劳动力可以逐渐形成一个专门人才库，帮助地区吸引和留住企业。为此，高等教育的需求导向不仅在于发展全日制教育，还要通过"业本学习"和继续教育来弥补教育赤字，这种赤字主要由人才外流和低教育参与率造成的（尤其是欠发达地区）。适当的财政激励措施可以使企业更热衷于调整教育供给反映区域需求，也可以帮助高校资金来源多样化。鉴于工龄期成人中有1/3的技能不足，一个特殊的挑战便是技能提升和终身学习。

　　在促进区域合作中各国政府可以发挥重要作用。功能分离是高校参与区域发展的重大挑战。许多情况下，区域的高校需要依据相关国家规定而运作，从而造成了不一致的时间表、空间边界和产出措施。

注　释

　　①在挪威，高等教育的扩张被用于帮助维持人口的地理分布并且加强非城市地区的三级教育，特别是在挪威的北部。瑞典对于高等教育有着独立的地区考量，这一点为本国的每一个郡带来了一所高校。不考虑入学的增长，在市区层面上仍旧存在着城乡的地域差异。芬兰通过建设理工学院使得本国高校机构增长了一倍。

　　②举例来说，芬兰的综合教育体系在创造优良的学习产出和带来各学校内部和彼此之间更少的波动上取得了成功。并且它在防止学生被落下的能力上尤其成功（PISA）。事实上，差异在向中等教育和第三级教育过渡时开始出现。随着个体在体系中逐渐上升，创造了不平等的程序逐渐明朗起来：在那些大众更偏向上大学的地方来自父母高收入和高学历家庭的学生更有可能接受高等教育。创建于20世纪90年代的理工大学能提供更多的高等教育的选择，并且为非传统的生源提供入学机会。允许职业学校学

生申请高校同样扩大了高校的招生面。在国家层面，这一渠道在2004年为28%的理工学院新生和5%的大学新生所使用。这些数字显示了改善的范围相当可观。

③在瑞典，每一所高校都必须将其所获公共经费（用于博士培养部分除外）的0.3%用于为残疾学生提供支持（比如手语翻译和帮助记笔记）。此外，国家还为专用资金不能负担的费用预留了资金。

④从长期来看，这些毕业生可能会带着更强的技能与金融资本回来并为地区经济作贡献；倘若他们选择留下，他们便会加入人才库中，以吸引在竞争激烈的国内和国际劳动力市场上的投资人。

⑤研究型大学通过招收本科生和研究生以及越来越多的外国学生来影响地区发展。通过学生就业和产业协会组织，它们同时在提升大型企业与中小企业技能方面有着关键而直接的作用。当地区城市化后，（对于学生的）保留作用更强但相对可变。理工学院或是新的大学往往有着更加本地化的雇员队伍以及更高的保留率。它们同时提供了专业学位和认证课程以满足当地雇主和研发服务的需要。技术学院提供了职业课程与通用培训。但是，它们在帮助当地企业方面的作用常常被低估。比如说，它们为技术人员提供培训，而这一职业对于创新至关重要（Rosenfeld，1998）。

第七章

高等教育对社会、文化和
环境发展的贡献：克服障碍

　　人们通常只从经济的视角来看区域发展，
主要关注的也只是以技术为基础的发展。但经
合组织的最新项目简报则提出了一种更为宽广
的视角。本章关注更广泛的区域参与，通过案
例研究分析高校对于区域社会、文化和环境发
展的态度及实践，并且不仅将这些发展视为经
济发展的手段，更将它们作为发展本身的目
标。本章提出了推动高校广泛参与区域发展的
三个因素：①有利的背景条件；②存在能够推
动区域合作持续进行的社会网络；③营造出一
种紧迫感的当地环境。

　　社会、文化和环境的发展具有显而易见的
（即使不是直接的）经济效益，并有其固有的
效应。它们为经济的平稳发展提供了基础，同
时又通过包括高校在内的强有力的、服务性的
社会机构对社区健康和福利、社会凝聚力、文

化和社区生活的多样性，以及清洁、健康、可持续、自我更新的自然环境和人造环境等产生直接的影响。社会文化排斥和贫困的代价包括法律和秩序的崩溃，执法成本的增加，教育程度低者和失业者创收能力不足，卫生服务和病患者福利等成本高，这些情况往往出现在经济崩溃的地区。同样的原则也适用于环境破坏问题，只是在该领域更易于达成可量化的措施，对后果的阐述也更为人所熟知（见 OECD，2006i；OECD，2007d）。

　　认为高校属于社区并应为社区服务的观点至少可以追溯到 19 世纪中期美国的赠地学院。尽管高校间有着不同的使命和历史，但它们都将对社会和文化的贡献视为自己的责任。它们对城乡的复兴、保健和社会服务、图书馆服务、为社区利益的研究活动、文化和环境的发展均作出了自己的贡献。高校的学生和老师以公民和志愿者的身份服务于地方政府，领导和参与社区组织，增加该地区的人力资本和社会资本存量。医学、社会工作和教师培训等领域，往往支持那些贡献于社会公益的学生活动，这些活动有的属于志愿性的或无偿的服务，有些属于兼职工作，比如直接提供医疗设备和服务，为弱势群体提供法律援助等。

　　高校可在城市和区域的复兴与繁荣中发挥重大作用。通过在正式学习或非正式学习、经济社会措施、沟通往来的文化和跨文化实践等方面补偿性的和持续不断的努力，区域可以焕发出新的活力。因此，如果区域不仅仅关注于经济活动和吸引外资，还能不断地改善财富分配、提高社会凝聚力、消除学习和自我提升的障碍，它将创造出更具吸引力的环境（Bélanger，2006）。图 7.1 试图描述一个区域复兴的模型。

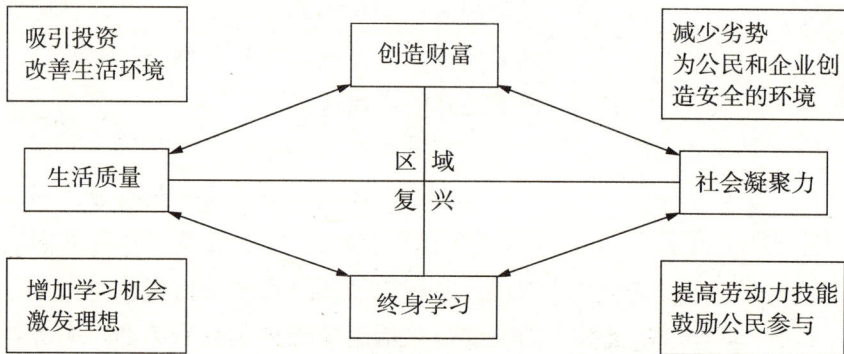

图 7.1　区域复兴模型（改编自 Barnley 模型）

目前的经合组织研究注意到与高校的社会、文化和环境角色相关的一系列活动。尽管许多计划本身来说已经相当出色，但它们仍然只是高校边缘性的努力，而高校努力的主要焦点显然仍在于与商业竞争力有关的事务上。有证据显示，只关注商业、竞争力和技术进步将会带来一系列的问题和风险，如对处于偏远地区和社会边缘群体的服务意识减少，以及不能最优化地利用人力资源。用特定的经济术语来讨论社会的、公民的和可持续发展的问题，在当前不失为将社会、文化和环境问题提上议事日程的权宜之计。

健康和福利

高校往往特别强调健康和福利服务，包括街道的复兴和社区的发展。这些形式的公共服务代表了高等教育与区域互动的一大部分，但高校的工作规模往往被忽视了。在医药和健康领域开展的研究性活动说明高质量的、国际水平的研究并未因区域层面的合作和应用而受到损害。

高校通过自己的学习项目、研究活动、服务和基础设施为社区居民的健康、安全和幸福作出贡献。例如韩国釜山在医疗、保健和社会福利方面有许多行动，包括满足不同群体需求的一系列特殊计划。大学的医学院通过志愿社会服务团体、免费医疗服务和特殊推广活动来加强自身对社区健康的贡献。英格兰东北部地区在许多健康指标上都落后于全国水平，于是该地区位于杜伦大学的公共健康观测站与区域发展机构合作，将该区域的数据转换为有用信息，以辅助成功的卫生政策的出台。杜伦大学斯托克顿女王学院的欧胜研究所将工作重点放在医药、保健和群众及地区福祉的研究上，尤其注重分析英格兰东北部地区的问题，它已经把整个地区变成了大学的实验室。英国纽卡斯尔大学的癌症中心已成为区域卫生系统的一部分。在丹麦，高校正在同公共卫生系统密切合作，例如：位于奥尔胡斯的亚历山大研究所正在开展的研发项目就包括医院和公共健康领域关于用户驱动的基于信息通信技术的创新。

大多数经合组织国家正面临着人口的快速老龄化，因此有必要保持老龄人口——通常也是低技能人群——的职业活跃度，并支持老人的独立性，以降低社会服务和保健服务的成本。当前的经合组织研究对这一挑战的强调是显而易见的。例如，芬兰和韩国都经历着急剧的人口变化。芬兰于韦斯屈莱地区已经采取措施，动员高校更加系统地参与这一议程，而在釜山的"银色产业"中，还没有显示出高校集中参与的整体发展战略。这种差别可能是因为芬兰中部高校的数量和规模都较小，但同时也可能是因为于韦斯屈莱的老年学在高校间有很强的多学科知识基础，并向来具有参与社区事务的传统。区域和地方政府发挥了重要的作用，因为它们的社会服务是正在开发的技术和系统的潜在客户（见专栏 7.1）。

专栏 7.1　于韦斯屈莱通力合作，应对人口老龄化的挑战

在经合组织中，芬兰是人口老龄化速度最快的一个国家。其中，芬兰中部的区域差异尤其显著。例如，在位于芬兰中部南边的卢汉卡，其 33% 的社区人口年龄超过 65 岁，是这个国家"最年老的"，而芬兰中部所对应的比例为 17%。此外，位于芬兰中部核心区域的于韦斯屈莱地区是该国经济增长最快的城市之一。由于经济结构的迅速转变，于韦斯屈莱的长期失业率和青年失业率，以及接受社会援助的人口比例均落后于全国平均水平。人口结构的变化与社会保障和卫生保健服务密切相关。

在于韦斯屈莱，高等教育与区域和国家利益相关者有良好的合作，其做法包括"导线计划"，该计划旨在提高居民的生活质量，并促进长期失业者的社会融合。于韦斯屈莱应用科学大学正在广泛地接触利益相关者，以帮助长期失业者重新拥有工作。

这项计划已运行了十多年，运用了一系列物理和社会康复的手段，部分地通过学校里的一个称作康复服务诊所的学生训练中心来进行。这项计划得到了公众、个人和第三方的广泛参与。"导线计划"帮助长期失业者取得授权，鼓励他们掌握新的技能，重新走向工作岗位。事实证明，该计划获得了成功。在 2000—2004 年，这项计划帮助 800 个人实现再就业，使得他们不再是社会的负担，而成为社会和国民财富的贡献者。"导线计划"获得了国家福利与健康研究发展中心（STAKES）授予的最佳实践奖（奖金）。它的方法被运用到芬兰中部各个自治区的服务体系。"导线计划"同样成为了欧洲卫生网络的最佳实践案例，该组织致力于减少欧洲各地区的卫生水平差异。

在20世纪90年代，于韦斯屈莱科技园启动了一项特别方案，结合大学教育和研究，以促进新兴健康产业的发展。在随后的十年里，自治区当局创建了一个能够将老年健康和物理运动学领域的前沿研究成果转化为产品或者服务的体系，使得老龄人口受益。这些活动是基于老年医学和基础研究的强大的多学科知识，其资助者是芬兰科学院。此外，成立Gerocenter独立基金会，受芬兰老虎机协会（RAY）资助，基金会作为民间社会的代表，加强服务体系建设，积极应对老龄化的挑战。

健康梦想实验室促使研究成果向产品的转化。于韦斯屈莱应用科学大学在医院和社区进行基于实践的应用型研究，同时开展对从业者的培训。还有源源不断的从业人员进入于韦斯屈莱大学参与到研究项目，去获得高等学位。此外，还成立了人类技术论坛以便体系中的人员互相认识，交流知识和经验。科技园所属并管理的维韦卡（Viveca）大楼内，驻扎着一些上述产学研链条中的企业和它们的子公司。

社区复兴和乡村发展

在衰退的城市地区，高校可以通过它们的校园和其他资产（如低成本的学生住宿和交通方案）产生积极影响。高校可与地方和市政当局合作，改善市中心的生活设施，如公园、花园、安全和娱乐设施等。高校的餐饮、保洁、金融和其他服务的外包能够增加校园所在地的城乡就业。

高校也可以利用自己的核心职能（即研究和教学）帮助弱势地区繁荣发展。例如，在荷兰特文特市的恩斯赫德地区，鲁姆比克（Roombeek）地产的重建计划就涉及与两所高校以及社区部门的合作，在2000年的灾难中遭到严重破坏（译者注：指2000年5月13日恩斯赫德地区的烟花仓库爆炸事故）的郊区重建过程，为学生的论文研究项目提供了经费支持。这种基于合作的整体复兴方式被认为是成功的，并被其他国家所仿效。这个案例是有些特殊的，因为它缘起于一场灾难，并且发生在一个贫穷的城市地区。

英格兰东北部的传统产业已迅速衰退。在桑德兰大学，公共机构和私人捐助者共同致力于因造船业的崩溃而衰落的威尔赛德（Wearside）地区的复兴，而杜伦大学则通过新成立的女王学院帮助贫困的斯托克顿地区的发展。纽卡斯尔的两所大学都在致力于西区和城市其他贫困地区的发展，它们的努力范围也包括更广泛的区域的发展。

加拿大的阿利森山大学（The University of Mount Allison）提供了一个农村和小城镇计划，为农村社区和小城镇的可持续发展培训人才和相关组织。该计划通过创造和分享新知识、开发自助工具、提供信息和教育服务将研究和行动联系起来。

由高校领导农村复兴的网络已经在芬兰中部、荷兰特文特地区和英格兰东北部等地建立起来。特文特大学的一项农村企业计划（Kansrijk Eigen Baas，简称 KEB）支持与当地银行合作，获取小额贷款，在落后的农业环境下开展创新和创业。纽卡斯尔大学领导的"北部农村网络"集合了600多名研究人员和来自商业、公共机构、志愿组织的各种农村发展实践者来到坎布里亚郡、兰开夏郡和北约克郡，帮助农村和区域的发展。它采用一种以本地为中心的农村发展模式，近400家企业受益于学生的工作。该方法的独特之处在于它适应了微型企业和志愿机构较低的起点，在过去三年中，免费的会员增加了一倍多。

文化与创意产业

文化促进发展有以下三种形式：
- 文化本身即是目的，它可提高生活质量；
- 通过吸引和留住创意阶层（creative classes），促进知识社会的形成，产生间接的经济效益；
- 通过新企业的形成、发展、生产和就业直接贡献于创意产业的发展。

高校可以对地区文化底蕴和社区生活质量作出贡献。它们可以通过文化学习计划和研究项目来提高人们的自我认识，为多元文化群体提供政策咨询和服务；可以辅助文化艺术团体的能力建设，从而更好地满足会员需求；可以向公众开放特定的文化基础设施，如博物馆、图书馆、画廊、乐团、礼堂、体育设施、社区广播电台和电视台等；还可以赞助文化节和演出、提供专业知识，并参与特定的文化活动和事件。

理查德·佛罗里达（Richard Florida，2002）提出经济的繁荣是由于创意阶层的存在，他们会被吸引到那些富有人才、技术和宽容性的城市里。高校可以帮助城市地区（和国家）从知识和人才的全球流动中受益，从而增强区域竞争力。此外，他们可以通过创建更多元化、多文化和宽容的社区而建立社会的包容性和凝聚力（见 Gertlerand Vinodrai，2004）。

通过这一过程，他们促进所在区域的国际化进程并增进创造性思维和活动，从而对外商投资产生积极影响。将高校的国际化与地区建设联系起来，使该区域的文化更多样、更发达，从而吸引人员和企业的策略很常见，但往往缺乏系统性。高校没有采取积极措施将国际化的学生和教师队伍与区域的就业情况联系起来，也没有有效利用其国际影响和校友资源。

创意阶层与人力资本和企业的形成密切相关。英国的证据显示创意产业是增长最快的经济模块：1997—2002年左右，其增长速度是其他经济部门的两倍，达到年均6%。它对英国国内生产总值的贡献占8%，解决近200万人就业问题。同一时期该产业的出口额年均增长11%，贸易贡献超过110亿英镑，比建筑、保险和养老金行业都高，是制药部门的两倍。从创意艺术、设计和媒体专业毕业的学生富有创业精神，约1/3本科毕业创业者都来自这些学科。创意产业的从业人员中43%的人拥有高学历，大大高于16%的各行业平均水平（DCM，2006）。

对全球来说创意产业也是一个重要的经济驱动力：它占世界生产总值的7%，并以每年10%的速度增长。一些国家、地区和城市，如昆士兰州、新西兰、香港和新加坡，已经制定了创意产业发展战略，强调该部门的经济影响。中国也正大量投资于创意产业并对创造性有了更广义的理解（DCM，2006）。

经合组织研究的一些区域试图在高校的帮助下，将自身重塑为"创意之都"：在挪威的特伦德拉格（Trøndelag），地方和区域当局已将特隆海姆（Trondheim）定位为一个创意城市来发展。新里昂州发起了 Regia Metrópoli 项目，以表现该地区的历史和文化遗产。韩国釜山试图贴上"动感釜山"的标签，成为一个吸引外商投资和人力资本的繁荣的文化中心。釜山国际电影节是亚洲最大的电影节，举办已超过 10 年，它由几所高校以不同的方式所支持，试图以共同的努力创造出对釜山强烈的文化认同。艺术领域长期合作的例子也屡见不鲜，如跨国界的厄勒海峡地区为加强文化合作而建立的文化沟通基金会已经成为海峡两岸文化整合的一个重要工具。另外，也有高校和它们所在的城市与区域共同努力，创建文化活动场所的案例（如特文特音乐季，奥尔堡，丹麦和规模较小的于韦斯屈莱）。

但总的来说，高校内外的利益相关者并没有充分认识到在文化和创意产业开展合作和宣传的潜力。来自英国各地的例子均表明，文化部门的发展可直接带来城市地区的繁荣和投资的增加。例如，大量的商业企业都被吸引到位于曼彻斯特北部和纽卡斯尔泰因河岸的文化创意枢纽地区。英格兰东北部的例子说明了在推动区域建设中旗舰项目的重要性，这也体现了高校和区域其他利益相关者合作的重要性（见专栏 7.2）。

专栏 7.2　区域建设中的文化及创意产业

纽卡斯尔—盖茨黑德联合竞标英国的欧洲文化之都提名一事引起了人们对文化在城市中的作用的关注。虽然竞标最终失败了，但这个过程却提供了一个大范围的公共、私人和社区合作伙伴包括高校可以共同努力的具体目标。从长远来看，文化之都的投标只是该区域一系列具有很高知名度的文化发展工程和网络的一部分，其他的包括 1996 年的视觉艺术年和 10 个文化发展战略的提出。

东北部的大学已经认识到了在文化和文化产业方面共同合作、建立伙伴关系和大力宣传的潜力，并将这视为该区域经济增长的主要来源。他们共同合作以推动当地的文化复兴，例如：支持泰因河畔的波罗的海当代艺术中心和塞奇·盖特希德（Sage Gateshead）音乐中心。每所大学在推动文化议程上都有自己的独特优势。例如，诺森比亚大学的文化政策与管理中心提供文化政策相关的咨询、项目开发和研究，并正在与当地其他的文化群体密切合作。纽卡斯尔大学与塞奇·盖特希德音乐中心以及该地区的其他大学合作创立了一个国家音乐教学卓越中心，将音乐作为社区和一系列学术课程之间的桥梁。该大学还领导一些地方机构，合作创建了一个"文化区"，这些将改变城市和大学开展社会文化活动的空间格局。高等教育区域协会和它下属的一个文化特别委员会，在所有这些项目中扮演了中间人的作用。

　　如果说文化和创意产业可能被认为是精英群体的专属，那么体育运动则是向所有社会群体开放的。许多高校为自己的学生和工作人员提供体育活动和设施，但是将体育活动作为区域建设手段具有战略性的例子却不多。在英格兰东北部，体育运动被视为促进高校和社区间知识分享的绝妙手段。体育有多种用途，如减小发展差距，促进受教育劳动力的全面发展，促进社会公平，对社区日常生活产生积极影响等①。

环境的可持续性

　　高校能够在许多方面促进区域环境的可持续发展，例如：
- 通过学习和继续教育为区域培养可持续发展领域的人才；
- 通过研究、咨询和示范等作为区域的专家库；
- 在可持续发展过程中发挥经纪人的作用，将区域内各种行动者和能力要素集合起来；
- 发挥模范带头作用，通过校园管理和发展活动、战略规划、建筑设计、最低损耗、节水节能措施、负责任的采购计划以及争做好市民等创建"绿色校园"；
- 承认并鼓励员工在区域可持续发展活动中发挥领导作用。

　　高校不仅是非可再生能源的消费者和二氧化碳的排放者，也是这一领域技术和组织专家的来源。处于这一全球性挑战核心的正是技术研究所带来的机遇（如地热能源开发），以及将这些机遇整合到更广泛的社会行动中去，而在此过程中区域机构和地方政府可发挥关键作用，如制定土地利用规划系统。学生和校友作为未来负责任的行动者和舆论力量也可以成为区域乃至全球学习系统的关键成员。将可持续性嵌入到学生的研究项目中也可通过"人工知识迁移"（即学生和毕业生）对职业生涯产生长期影响，因为学生和毕业生将会塑造未来的职场。这需要区域中高校内外的力量共同努力。

　　在1972年于斯德哥尔摩召开的第一次地球高峰会议上，教育即被确定可持续发展目标成功实现的根本。自那时以来各国的进展参差不齐。2005年，联合国通过了支持可持续发展的教育十年计划，为该事业注入了必要的紧迫感。欧洲/北美、澳洲/亚洲和非洲的后续战略中的重要部分，就是为了可持续发展而开发的国民教育政策。荷兰、英国和一些北欧国家则已经制定了相关政策。

许多高校已经制定或者正在制定可持续发展的政策、声明和愿景。有些高校提出了地产管理系统和物品供应政策，使能源消耗量降到最低，并努力减少学生和员工的"旅行足迹"。高校也有广泛的研发活动和咨询服务，将环境管理体系整合进当地企业。例如，在墨西哥新里昂州，蒙特雷技术学院的蒙特雷校区有一个环境质量中心，自1961年起就一直在从事该领域的教学、科研、咨询、实验室服务、扩展课程和继续教育活动。芬兰中部的两所高校参与环境发展的方式是理工学院与大学互补合作的范例，有广泛的直接与间接的社区参与，以使该地区到2015年不再使用化石燃料。加那利群岛的两所大学看起来常常发生争执，该地区需要找到一种方式有效控制它们的力量使之服务于区域整体利益，于是便设立了一个可持续发展论坛，将高校、政府机构和其他机构汇集到一起。

阳光—弗雷泽海岸：建设本地资产

在阳光—弗雷泽海岸，高等教育界既为本地学生提供教育，也希望能吸引外地学生，他们的学费收入可以保证机构的稳定性。阳光海岸大学加强了符合地方利益的相关学科建设，以及那些当地环境可以提供一个有趣的"实验室"或者研究案例的学科，如该大学已经开发出海岸研究、海洋旅游、植物/海洋生物技术等课程。它还与当地企业建立起伙伴关系，并创建了一套基础设施，使得它在提供适用于当地的课程时具有竞争优势。可持续发展、健康和区域合作研究所（iSHARE）已为这项工作提供了一个制度框架（见专栏7.3）。

专栏7.3　可持续发展、健康和区域合作研究所（iSHARE）

澳大利亚阳光海岸大学可持续发展、健康和区域合作研究所提供了一个有关环境与健康的交界学科的研究平台。它还有一个区域咨询委员会，使得社会、商界领袖以及研究人员一起来确定研究的重点。此外，它还有一个国际基准组织来提供意见和反馈。一个在可持续发展、健康和区域合作研究所管理下进行协同研究的例子就是，与翠鸟湾度假村合作建立的弗雷泽岛研究和教育设施。

　　弗雷泽岛上的教学和研究实验室，以及环境夏令营，成为了进行先进的环境和生态旅游研究教育的基地。一方面翠鸟湾度假村作为社会个体对这些设施进行大量资助，另一方面，大学和度假村相互作用，共同确定相关的研究和教育项目。这就形成了协同研究的模型。因为这一倡议，大学的研究能力得到巩固，同时翠鸟湾度假村的生态旅游项目也得以加强。

但总的来说，经合组织的研究表明，在环境可持续性领域仅有少量的联合行动。该领域的国际经验显示，个别的大学行动不可能单独起作用，必须致力于将教育系统与其他机构的组织变革相配合。比如在英国，由未来论坛（Forum for the Future）提供支持，将所有规划、资助和规范高等教育部门的机构联合组成可持续发展一体化小组（Sustainability Integration Group，SIGnet）。此外，还有必要在高校与其所在区域之间建立战略伙伴关系，这可以在环境可持续发展问题上发挥关键作用，尤其是在全球变暖问题上。

墨西哥新里昂的案例

在新里昂州，社区发展议程是由州政府推动的，并包括在一整套的州发展计划中。这套计划旨在通过不同市区的一系列项目，以及利用一系列文化、娱乐、教育、宗教、休闲中心建立一个城市中心区，来改变蒙特雷大都市区的城市形象。

这种努力的背后是一种社会承诺和责任，因为联邦政府将学生参加社会服务作为毕业的要求。尽管国家对社会服务运作的方式有所担忧，但它对墨西哥社会产生影响的潜力很大，并使得社区服务成为了高校的核心业务（见专栏7.4）（见 OECD，2006）。

专栏 7.4　墨西哥大学生的强制性社会服务

墨西哥公立（和部分私立）大学的学生必须履行一定的公共服务。该规定始于 20 世纪 40 年代，最早为了帮助农村和城市的边缘社区，之后它利用合作项目及与机构间的契约，逐步将服务扩展到生产性部门和公共、市立、州立和联邦机构。社会服务持续 6—12 个月，但服务时间绝不少于 480 小时。将学生社会服务作为高等教育毕业要求，这一概念对社会有很大的潜在影响。虽然它提供了一个有力的区域建设机制，但它往往是说教式的和援助性的，而没有与当地社区发展目标保持一致。要充分利用社会服务方案，就必须在社会服务计划和地方发展的努力之间建立紧密的联系，同时还有必要激励并监督这项工作的成果。

蒙特雷大学团结和慈善中心使大学社团积极参与到社区工作中，以锻炼同学和推动社会发展。关于墨西哥现实、伦理道德、社会责任与社会社区发展课程是和实地的社会服务项目相联系的。蒙特雷大学有 20 年的参与低收入社区工作的经验，并参加了超过一百个与社工机构合作的项目。

由单个高校制订的方案最值得注意的往往是其所建立的合作伙伴关系，以及与所有部门建立持久承诺的能力。然而，不同机构之间开展的系统性的合作则不多。强制性社会服务并不是建立在特定的激励或结果监测的基础上，联合行动还可以取得更多的成绩，比如向市民开放发达的文化和体育服务。

结论：从创业型大学到社会参与型大学

虽然在许多地区，高等教育对社区发展和文化变革更广泛的贡献尚显不足，但一些显著的例子表明高校已经接受了"良好的区域公民"这一角色。推动高校在这一领域积极参与的主要因素有三个：

- 由政府创造的有利的框架条件，如立法和拨款；
- 存在持续合作的网络；
- 当地的环境能营造一种紧迫感。

在目前经合组织研究的两个案例中这些关键因素表现出不同的程度。在墨西哥，强制性的大学生社会服务与当地的条件相耦合，提供了一个加强社区服务的框架。对于那些想通过教学和评估的渠道增进高等教育对社会的贡献的国家来说，墨西哥的实践提供了一种有益的模式。在英格兰东北部，由于地区高等教育协会的长期存在，以及因为远离权力中心并在许多社会经济指标上远远落后的共同经验，使它们朝着共同的目标奋斗。这个案例的背景是一个区域，但在两个案例中，高校尽管有不同的身份和历史，却都将社区参与视为其使命和工作，但所采取的具体形式则依机构的性质和所在地，以及城市或区域特定的社会经济需求而定。

但总的来说，更软性的和更长期的社会发展和文化问题则强调得不够，这可归咎于国家的政策环境，以及在这种环境中高校的行为和所面临的压力。影响评估和资源有限的问题，包括对机构和员工的激励不足等影响到发展的各个方面。区域发展的拨款通常是以项目为基础的、短期的并以经济任务为中心的。高校职员的晋升通常取决于论文发表，而非对第三种任务（译者注：指大学的第三种功能，社会服务）的参与。与高校的收入来源相联系的短视而狭隘的产出目标，都不利于建立起可持续（和可测量的）发展所需要的社会和经济基础设施。为了国家目标而使用一些比较性的并且通常是竞争性的指标，也不利于建立在固有优势和资产基础上的区域多样性的发展，虽然这种多样性为权力下放提供了逻辑基础。

为了推进这项议程，高校必须开始并宣传其对区域社会、文化和环境发展的参与，对本地和其他地区的良好实践加以强调[②]。随后，高校和适当的公共机构应提出一种联合战略，这些公共机构可利用其资源支持其有选择性的行动方案[③]。然而，除非国家和区域层面的政府机构（乃至欧盟和其他的国际组织层面）将社会、文化和环境的维度纳入议事日程，与高校合作共谋区域发展的努力将继续处于挣扎的状态。

最后，公共利益意味着获得高等教育所生产的知识，利用这些知识造福于社会而不仅仅是为学术界谋利益，以及和最后的但并非最不重要的一点，社会在知识生产中的角色。欧洲理事会（2002）认为，培养学生的公民责任感，使之为了社会大众的福利而不仅仅是个人利益而采取行动理应是高等教育的责任。它应该提升民主制度和进程、积极的公民意识、人权和社会正义等的价值，促进环境的可持续发展和各阶层的对话。虽然这些是抽象的、全球性的愿景，但"公民"一词却是有特定的地域内涵的。现代社会的优缺点在城市和区域层面已经相当明显，而围绕这些问题的公共舆论所带来的行动可以而且应该通过高等教育与其区域伙伴的合作而体现。建立这些伙伴关系而开始这样的成熟对话的能力，则是下一章的主题。

注　释

①东北英格兰五所大学的体育主管一起与当地社区共同建设了革新的体育合作。这些大学利用了学生资源，这些学生现在正和本地社区的年轻人一起以帮助他们发展领导力和生活技能，以及体育能力。这一合作关系是建设还处于概念中的体育大学进程的一部分，这一进程旨在同当地社区发展更为包容的合作伙伴关系。

②高等教育员工与学生领导了社区协会，在地方政府的岗位上服务，增加了地区人力和社会资本的存量。只有少数几所高校才系统性地规划了它们职员的联系和网络。总体上说来，高校缺少对于"谁"正和"什么"合作的综合信息，而这是实现高校更加系统性地参与区域合作所必需的。

③有不同的方法来考察这一复杂而标准多样的领域。不同类型的分类方法可能帮助高校全面定位它们地区性的社会、文化和环境联合：①通过积分卡的方式在社会、文化和经济之间分类以评价院校的成就；②区别不同的为社会、文化和环境做贡献的进程和方法来识别自我发展、超越、合作与传播的有效或无效形式；③区别主流的常规教学项目和附属的研究活动。

第八章

提高高等教育与区域
进行合作的能力

高校与所在地区的互动使得双方都能互惠互利。为促进这种互动，必须以各自发展为支柱，在双方之间建立合作桥梁。本章旨在明确一些能够推动地方人员和机构与高校提高全面合作能力的基本要素。这里所说的高校是个整体概念，而非特指某些高校或高校内的特定部分。这些要素既是两个支柱的基石，也是跨越鸿沟搭建桥梁的方法，从而使双方顺利往来。如果一个地区有多所高校以及多个子地区，那么这就意味着提高区域的整体能力。

高等教育支柱

高校自治和领导

有力的高校领导包括两个方面的内容，即对高校的战略指导及运行管理。一所高校的规划和操作会受到管理结构的制约。管理结构包括院校的一些传统，正是依据这些传统选拔学术领导人，并且在任期之后又回归到教授序列的等级中。这其中有两个方面：一是与集权管理相比，高校需要自治；二是与教师群体相比，院校领导需要权威。在高校里，集权权威是薄弱的，教师群体则是强势的，因此领导力的深度、广度以及时间长短都有所削弱。

如果行政管理未实现现代化，或尚未由高效的信息技术系统支撑，如在人力资源管理和财力资源管理方面，那么保护和监控有效行为的能力将会更加有限。这就限制了院校开展规划和实际推进可持续的伙伴关系。这种限制尤其突出地体现在对地区发展的贡献方面，因为贡献地区发展作为院校的一项任务并未普及，因此，对于提高常规教学和科研的水平来说，遭遇到的学术抵抗远多于努力。

国家希望看到高校在文化和发展方向上作出改变，创业活动和区域合作要求考虑法律和日常方面的必要改变，以加强高校的领导力。这涉及赋予高校在课程设置和人力、财力资源使用方面更多的权限，以加强高校自治。还涉及不动产所有权以及其他资本投资权力的变化，它们支撑有力的领导和院校适当的投资。

强大的领导力还意味着改革以学科为基础的教育机构结构，这种结构使得教育机构无法解决地区所面临的那些跨学科的问题，也就无法服务于"现实的世界"。在前面，本报告已经提到了新兴高校的管理问题（见第三章）。与历史悠久的院校相比，外部机制能更好地推动这类新兴院校支持地区发展，例如通过使用多种绩效测评。下面列出了芬兰理工学院的案例（见专栏8.1）。

专栏8.1　于韦斯屈莱理工学院的高等教育管理：支持区域合作

于韦斯屈莱应用科学大学（前身是于韦斯屈莱理工学院）位于芬兰的中心地带，它有一系列区域合作活动，使得院校适应当地发展需求，并将当地的利益相关者带进学校，以帮助教育改革。以前，院校面临一项挑战，即将七所职业学院整合为一个院校，以满足地方商业发展和劳动力市场的需要。这一合并进程使院校发展新的跨学科课程和多学科课程的能力以及发展新的教育轨道的能力得到增强，并且形成了许多新的学科领域以满足公司的需求。

　　院校还进行了特别的配备，来与中小型企业合作，这些中小企业芬兰中心地区经济发展的支柱。院校成立了九所多学科专家指导中心，以满足地方发展需要。每个学院都设有外务董事会，并有地方/商业发展办公室。更为重要的是，学校还拥有一套成熟的管理信息系统，这一系统能够追踪每个学校表现。有29个平衡记分的指标，其中8个明确与区域合作相关。这些以学院为考察对象的指标，通常是由学校中央管理团队负责监控的。院校的战略规划是与教育部签订的三年目标协议的详细阐述及年度修订的一部分。规划的过程要将这些目标具体落实到学院、团队和个人层面的目标和行动。通过平衡记分系统，学校的战略落实成为实践。

提高领导力

　　可以采取哪些实际步骤以确保高校领导者具备必要的技能来完成具有挑战性的跨边界的任务？欧洲大学联盟和经合组织很早就意识到发展领导力的必要性，而且一些经合组织成员国近来开展了很多针对高等教育高级管理的项目。举例来说，在英格兰，高等教育拨款委员会成立了领导力基金会。该基金会的主要目标是开展一个与地方发展中的领导力相关的项目。在商学院已经开展新的研究生计划和行政主管计划试点。除了领导力中的软技能之外，这些项目还需要聚焦在地区发展和服务地方的一般性问题上，以及与所在地区相关的事实上（如校外人员和机构的能力和责任，以及区域经济发展动力）。

　　院校领导所必需的一些知识和专家意见，可能就在他们自己的院校之中。在经合组织新近的研究中，一些自我评估报告，包含了几个高等教育研究机构的研究团队的贡献，这些研究机构专门针对区域服务和/或高等教育/管理的几个不同方面[①]。虽然很多团队积极地为地方机构提供专家意见，但是学术领导并不经常采用这些意见指导院校政策和实践。

区域合作管理

　　对高校的外部环境施加影响和进行管理，是一项耗时的工作。这包括缔结和保持战略性的区域合作伙伴关系，并对地区繁荣和发展承担真正的和应负的责任。现代高校发现，对于任何一个个人和机构来说，最高领导的范围都太过宽泛了，这就意味着要把领导力在几个关键人物之间进行分割。另外一个方法是，保留一个单独的机构领导者，但是要代表内部管理的大多数整体，成为一个完全赋权的代理人。

为管理自身的区域合作事宜，高校可能需要建立一个地区办事处。普渡大学（位于美国印第安纳州）和泰恩河上的纽卡斯尔大学（位于英国）就成立了这样的机构。地区办事处是非常有用的，尤其是当把院校服务地方的能力从个人良好的实践案例提升成为一个高度发达的系统的时候。系统的方法将需要聚焦于以下事务：共同确定和管理与地方的联合；提供战略规划；做好院校的市场营销；在高校内搭建合作和区域协议框架；以及通过院校的正常渠道，对主流区域合作保持压力（OECD，1999）。（见第五章）

地区办事处需要与院校的领导者保持密切的联系。让一个层级较高的人（第二层级）来领导地区办事处、发展职能并统领所有第三职能的政策和行动是合适的。但是同时服务地方的工作又不能与教学和研究完全分离，这也是非常重要的。第三项职能意味着，要对高校的教学和研究战略及实践的很多方面进行渗透和改变。管理、监控和发展区域合作和地方合作伙伴关系，需要对所有学术和行政管理行为进行一致的审视。

推动整个院校的区域合作

区域合作不仅仅是最高领导者和管理者的任务。高校希望推动全体教职员工都支持服务地方的计划，这就要将招聘、雇用和奖励体系以及人力资源开发做通盘考虑。领导力需要以切实的奖励和激励作为支撑，这样才可能改变行为以至最终改变态度和价值观。聘用和人力资源管理的实践都要求在教师中做更多的角色区分，并配以多种不同的工作量和奖励体系。奖励体系已经得到了很大发展，如在澳大利亚的阳光海岸大学。（见专栏8.2）

专栏8.2 对区域合作的教职员工给予奖励

2005年，在对主要利益相关者进行广泛咨询的基础上，澳大利亚的阳光海岸大学出台了一项新的晋升政策，目的是促进大学任务以及大学声誉中这一基本要素与奖励体系的结合。这项新的政策界定、澄清并进一步加强了教师需要完成的工作。申请者需要证明其在教学、研究和服务方面的表现和成绩，这三方面是同等重要的。而其中的服务就包括区域合作。区域合作被视作学术实践，它由教学和研究推动，通过这种学术实践，可以获得社会的、公民的和专业的功能，因为学术界应用了他们的专业知识和技能，结果是超越大学的范围解决了现实世界中的问题。晋升考虑申请人在区域合作方面的强度。

在成功的地方合作伙伴关系中的重要一点是，需要具有沟通和联系能力的人，他们在不同网络和组织之间扮演看门人的角色。如果高校希望主导地方发展的议程，他们就需要拥有很多具备地方发展知识的教职员工，这些知识具体包括：①涉及区域合作的组织的结构；②中央的、地方的和当地政府能力和责任；③影响这些组织的不同时标和动力；④组织之间的重叠情况以及如何利用这些重叠形成共同的利益。为培养这些人才进行的人力资源开发计划还需要包括让人知道如何进行以下工作：①对变化进行管理；②构建和管理网络；③简化和调解；④项目规划和实施；⑤与不同组织文化一起工作；⑥获取财政支持；⑦监督和个人支持技术；⑧组织的政治学和动力学。这些能够顺利沟通的人既能够单独地推动高校发展，又可以集中在一起开展对话，探讨高等教育对地方发展的责任（OECD，1999）。

高校之间的合作

高等教育的区域合作，既需要院校之间的合作，也需要在不同院校之间开展分工。在此，一个重要的管理方法就是，在高校之间的协调以及为政策制定者提出一个"共同的高等教育愿景"。一方面，高校间的合作能使服务达到临界质量并且提供更加多样的服务，另一方面合作强度的区域分布却并不均衡。在一些国家，高校的区域合作是非常兴旺的，如在英国就有一些成功的尝试（参见第五章的知识学院）。虽然有些时候，为争夺拨款而发生的竞争会延缓院校间的合作，但是中央管理措施以及对地方机构发出共同声音所获得的利益，都是鼓励院校间合作的。在一些地区，高等教育行动者和/或强大的"社会资本"之间的合作，有着比较长的历史。然而，在许多国家和地区，由于缺乏资金支持，缺少利益刺激和/或难以达成明确的任务分工，高校群体之间以及院校个体之间的合作还是很有限的。

经合组织的近期研究建议，合作通常需要规划，而地方政府或中央政府能够为联合做好奠基工作。在这一点上，主要有两种类型的项目：①针对一系列问题采取试验性的行动，这需要建立院校层面的合作；②一些国家实施了更为具体的项目，以整合第三级教育系统，其结果是弥补与私立部门合作能力差的不足。有超国家组织，比如欧盟，已经在推动这种类型的工作（见专栏8.3）。

专栏8.3　知识地带

在欧盟，知识地带行动，作为一项尝试性的计划，是在2003年欧洲共同体预算案中由欧洲议会提出的，目的是支持在地区层面开展试验性行动，促进大学间的合作，在区域层面提高科学研究水平，并刺激欧洲各地区的整合。这一行动的预算是适度的，共计250万欧元。这表明计划主要是集中在简化程序和解决组织的问题（构建网络）上。在这一框架中，"大学推动地方发展行动"（UDARD）致力于增强高校提供专门意见的能力；发挥指导当地公司和公共机构发展的作用；激励技术创新，并在地区层面、跨地区层面以及跨国的层面创建大学名下的衍生公司和产业孵化器。

密切的高等教育合作可能需要建立一个"一站式服务"机构来系统推进区域合作。这一具有联络作用的办公室将发挥配对、协调和质量保障的作用，并且将提供一种清楚明了的单一渠道来联结区域内的高校资源（见第五章专栏5.4）。初步的选择是首先在各个高校建立一个既相互独立又相互联络的"一站式服务"办公室。

在一些国家里，高校已经采取了一些尝试性的措施，通过建立高校的区域性联盟，来回应密切合作所带来的挑战。这些举措都基于最初自上而下的一些主动尝试，就好像在英国，高等教育区域联盟已经建立。在现有的区域联盟中，奥瑞松德大学联盟就是一个雄心勃勃的联盟，因为它超越了国家的界限，将丹麦和瑞典的高校联合在了一起（见专栏8.4）。

专栏8.4　英格兰东北部和奥瑞松德地区支持地区发展的高等教育区域联盟

　　高等教育区域联盟（HERAs）在英格兰成立，主要是作为一个鼓励科学研究、教学以及在地区应用的手段。高等教育区域联盟逐渐打破了高等教育拨款委员会分配基金的局面，并在地区内搭建了学习网络。东北部大学联盟（Unis4NE）是英格兰最早成立的高等教育区域联盟。它的前身"高等教育支持北部地区产业发展"的组织，成立于1983年。东北部大学联盟为区域内的大学服务，开放大学也隶属于这个组织。该组织的董事会是由各高校的副校长组成的。由于其掌控资金，包括掌控知识学院的生产能力，因此尽管它的成员院校数量最少，但东北部大学联盟的预算却比英格兰其他八个区域联盟组织的预算都多。东北部大学联盟设立了多个委员会，这些委员会在高校与地区合作的过程中发挥经纪人的作用。具体有体育委员会、文化委员会、知识学院、高端委员会、卫生委员会、音乐委员会、欧洲委员会、科研与知识委员会、学术发展委员会。该组织还发挥媒介的作用，整合力量向白厅（英国政府）、高等教育拨款委员会或欧盟提出诉求。

　　奥瑞松德大学联合体成立于奥瑞松德大桥开通的时候。该联盟由伦德大学和哥本哈根大学领导，成员包括丹麦和瑞典的其他12所高校。这14所高校（15万学生）组成了奥瑞松德大学联盟，目标是共同加强跨地区合作，增强地区发展动力，构建部门组织，组织论坛，以及为当地人群提供培训。这是一种合作机制，是产业与社会的接口，是在打造一种品牌，提高整个区域的吸引力。联盟鼓励合作性的教学项目和科研项目，博士间的合作，以及学生流动。联盟支持网络化的大学服务（如国际事务办公室、图书馆、欧洲资金、学生事务咨询、市场开发），也支持高校与地区权威建立网络。联盟还支持建立一个保护性的和孵化性的组织——奥瑞松德科学地区，为地方产业群的组织和项目服务。这一组织努力在科研人员和公司之间建立联系，为商业部门和政府部门提供战略指导，致力于打造品牌和内部投资，发现新的技术，剥离和推广创新成果。

　　英格兰东北部地区大学联盟和奥瑞松德大学联盟都聘有职员，这些职员是受捐款资助的，捐款来自联盟的成员院校和/或合作项目的上级主管部门。他们的特点是：①坚守务实主义，简化工作程序，提高工作能力，在复杂情况下，与不同的利益相关者达成不同的短期目标；②维护合作关

系，确保系统管理；③长期承诺，为人力资本的战略性管理提供基础性服务；④利用外部联系，使伙伴关系充满活力，保持工作积极性。在地区利益相关者面前，联盟集中代表了高校的立场。然而，它们是一个联合体，它们的管理者无权超越合作项目对某个单独院校做出承诺，这些项目都是它们共同签署的。而且，教学和科研的核心领域——院校间的竞争在此不可避免——是禁止入内的。在促进结构变化方面的主要投资，如新的研究机构、教学项目和资产，将由院校和外部利益相关者进行处理，这些外部利益相关者可能是区域层面的，也可能是国家层面的。

规划、监控和评估（区域）合作

为服务地方而进行的高校合作，需要一套系统的规划和监控，规划和监控的内容包括大学在教学、科研和服务方面与区域和外界的联系。高校应该建立共有机制，在长期追踪校友职业发展的基础上，掌握学生的来源和毕业去向，并依据这些情况来制订学术计划。同样，还要描绘出科研合作的版图，划定科研的使用者和获利者范围，以及高校对地区公共事务的贡献（教职员工参与和服务当地政治、媒体、志愿服务部门、艺术和文化、以及其他教育机构）。记录现有的合作，将合作信息在地区内和院校内公布，这些都将提升高校作为地区建设者的形象（OECD，1999）。

在规划之后，高校应该进行自我评价。经合组织的一项近期研究是在一个模板的指导下进行自我评估的，这个模板要求高校严格地对自己的地区合作伙伴开展评价，并在国家高等教育和地区政策的语境中，从以下四个主要方面来进行：科研对地方创新的贡献；教学对人力资源开发的作用；对社会、文化和环境发展的贡献；为提高区域能力建设的贡献，帮助地方应对日益激烈的经济全球化（见附录A）。经合组织近期一个依赖于区域环境和国家环境的项目所覆盖的地区和高校已经从多方面获利，主要包括在共同进行地区战略规划和执行过程中提高了合作水平，从地方商业中形成新的资金流，院校和地区获得更加强大的品牌效应，有能力对国家政策施加更大的影响。

大多数的国家，有关高校的区域合作，并没有建立监控政策产出和政策效果的常规程序。在英国，一些地区发展机构已经在机构指导者和大学副校长之间，建立了战略会谈的例会程序，目的是定期评价所取得的进展。除此之外，中央政府也对大学服务区域发展的工作的某些方面给予评价，主要采用的手段是高等教育拨款委员会的年度报告，收集商业和社区合作的相关年度数据和联盟表现的年度数据。在芬兰和瑞典，某些特定区域已经规划了知识机构，包括对知识基础设置的评价。然而，大量的测评以及关于服务地区发展限制方面的研究通常会鉴别出优秀的实践。例如，芬兰已经开发出了一个系统评价的模板，用于评价多科性技术学校对地方发展的作用，而且定期开展这项评价。

要衡量政策是否支持技术转化或建构网络，众多评价都主要是看被筛选掉的商业设想的数量，以及发展性产品的生产数量，同时它也强调互补行为的需要。就商业初始运转、建设孵化器和科技园区来说，评价指标主要包括建立广泛合作关系的项目的发展能力，以及获得私人资助的能力，这些通常会在几年后获得公共资金的资助。与企业合作的高校数量，以及与工作岗位形成有关的高校的数量，通常也作为成功案例的基本要素。但是更成熟的分析，例如向消费者进行问卷调查，或对项目进行成本—利润分析，是罕有的。评价的实践似乎广泛地运用在某些国家，而在另一些国家则较少运用，前者如德国、芬兰、瑞典、英国和美国。在英国，有一项调查叫做"高等教育和商业共同体互动调查"，就科研合作、咨询、智力资源开发、衍生公司、科研服务以及地方合作伙伴关系等方面，提出了一系列评价指标。2005年公布的调查结果表明，大学与商业互动的质量得到了提高。89%的大学为商业发展提供咨询服务；79%的大学协助中小型企业来分析它们所需要的资源。在增加工作岗位方面，也做得很好，这是大学建立衍生公司的一个直接结果。

对于高校来说，需要建立一个全面的、覆盖地区发展所有问题的监控和评价体系，这依赖于建立相互联系且可以提供有效信息的测量高校对区域的贡献的指标体系。监控和评价体系应该在组织层面、高校层面和地区层面都能够收集到有效信息。

区域高等教育系统

就经合组织各成员国的情况来说，如何在地区层面和国家层面管理高等教育系统，给予地方层面多大的权重，每个国家的情况都是有显著差异的。举例来说，在那些更多依靠市场机制的国家里，存在着一个日益显著的趋势，就是希望高校更多具有企业的性质，希望高校创建合作关系，从各种渠道筹集资金，尤其是私立部门和个人缴费。这就可能会鼓励高校与地方密切合作，很可能会开展跨部门的合作，以使高校的收入渠道更加多样化。而另一方面，也可能妨碍区域合作，因为区域合作并不能让人看到显而易见的利益。当把教学视作最主要的紧迫任务的时候，进行公共服务几乎是没有机会的。这样，区域合作可能就会站在对立面，并且因为新的企业主义而处于不利的地位。然而，设置优先发展权、打通公共资金，中央政府仍然能够激励和说服一些甚至所有高校，将区域合作作为它们的一项中心任务——例如拓宽进入高等教育的渠道以及与中小企业合作。

对于政府和高校来说，关键是要决定在什么范围以及如何进行高等教育系统的分类。一种选择是，让绝大部分高校都承担所有学术工作，包括科学研究、教学和社会服务。另外一种选择是，让一部分高校主要承担或只承担教学的职能；让另一部分高校集中精力从事科学研究，成为世界一流的研究密集型机构，并享有更好的社会地位。很多国家都在努力创建世界一流的卓越的研究中心。在科学研究全球化的语境中，建设一个世界一流的国际化的科研中心，对于每一个国家来说都是一项巨大的挑战，更不要说个别院校了。对于尖端科学的偏执需要看到一个事实，那就是大多数创新都是在特性上的不断累积，而且也依赖于一些非科学的知识，如设计、市场营销和包装。因此，在任何一个主要区域，都需要在支持基础研究和应用研究之间做好平衡。科学研究、教学和服务地区发展是相互滋养和促进的关系，它们需要在良好的发展循环中走向结合。

在高校间进行广泛且灵活的分类，可能会提高整个国家应对多种国家需要和地区需要的能力。然而，要克服将高校两分所造成的分裂，一是从事世界一流水平的科学研究的高校，一是主要承担服务地方发展的任务的高校，就要发展地方高等教育系统。在这一系统中，它们之间保持相互独立，承担相应的职能。所有的高校共同通过承担科学研究、教学和社会服务的职能，来达成共识的目标。构建开放的地区网络系统，是地区发展的需要、问题和压力共同形成的一个自然而然的结果。要有效地推动地区发展，如满足劳动力市场对迅速变化的技能的需求，解决人口流动问题，就需要所有青年人和成年人都学会分工合作而不是拒绝联合。

区域支柱

建立区域合作伙伴关系

要在高等教育和区域之间建立成功的合作伙伴关系，仅仅依靠（高校）这一个支柱是不够的，还需要依据区域的领导与合作。本报告认为，最好的方法是建立一个地区性的管理委员会，委员会由各高校以及更广范围的利益相关者组成。在一些地区，这一方案已经得到了实施，如在釜山和日德兰－菲英地区，但是往往只关注地区发展的某个方面，通常是商业创新。

为一个新的组织找到一个领导者是困难的，新组织内公共部门和私立部门的领导力薄弱。高等教育的领导者经常会面临大量地区机构和伙伴关系结构索取高等教育的投入并要求特定的产出来回报限时资助。在不同地区之间，在不同机构之间，甚至在拥有多种目标的同一机构中，都存在紧张的状态——例如同样是当地权威，城市规划人员想要保存历史建筑，他们和那些负责引进新投资的两派人之间，就存在紧张关系。分裂的地方政府，谁代表私立部门利益的问题，以及中央政府不同部门在地区发展中的角色问题，都是建立合作关系时遇到的普遍问题。

同样普遍的问题也存在于联邦系统内，无论是省还是州，比政治区域来说都是地区或者地区是更小或大的整体。在这些情况下，地区或多或少可能有潜力运行得更好一些，这取决于一系列问题，如历史路径依赖，地理、经济、政治生活和设置的合理性，以及人事制度。

在加拿大，加拿大太平洋发展机会机构（ACOA）是一个地区发展机构。它使中央财政和问题于地方监控达成一致。其独特的性质在于其在加拿大政府结构中所处的位置。它一方面可以直接进入政治权利的上层，与此同时确保自己作为地区机构的自治权（见专栏8.5）。

专栏 8.5　加拿大太平洋发展机会机构（ACOA）

加拿大太平洋发展机会机构成立于 1987 年，是加拿大联邦政府的重要机构，目的是促进太平洋省的经济发展和创业文化发展。它是一个独立的部门，其独立的负责人是由地方选举出来的，可确保在内阁会议上能够听到来自地方的声音。加拿大太平洋发展机会机构的地位允许它形成适应区域的独特政策，有很高的灵活度。加拿大太平洋发展机会机构的领导办公室设在地方，那里是最后决定权的所在地，并有一个当地的董事会，其他管理规则与一般管理部门和议会问责保持一致。

加拿大太平洋发展机会机构的目标是，使更多的人意识到商业创建和商业支援的机会，从而帮助增加小商业形式的比例，增加它们成功的可能性。它为地区内的企业、商业主和管理者、非贸易组织、各种委员会以及高校，提供方案和服务。教育被视为一个重要的提高创业技能和改变观念的途径。加拿大太平洋发展机会机构面向学校和高校开发了很多项目。

因为加拿大太平洋发展机会机构的长期存在，使得它能够开展一些尝试，建立自己的信用以作为跨地区的重要合作伙伴。几年来，该机构开发出了多种测评方法，以促进高校服务地方发展。这些测评方法包括太平洋创新基金会，该基金会是重要的成果，鼓励在商业和包括高校在内的研究团体之间建立合作伙伴关系。另外一项尝试性的关涉高校的计划是"商贸专业毕业生出口实习计划"。在这项计划中，加拿大太平洋发展机会机构与加拿大太平洋中学后教育机构合作，给已经完成正规学业训练的商贸专业的大学生提供实习机会，实习地点是那些努力追逐新的出口市场的公司。该计划为学生们提供传帮带的与商贸相关的工作经验，同时通过给中小型企业提供内部的专家意见也促进了地区的出口。加拿大太平洋发展机会机构还与区域内的大学合作，支持它们进行国际招聘，目前正在考虑进一步发挥地区内高校对地区国际化的作用，高校主要是通过教育移民和招收国际学生来发挥作用的。

无论调动的空间、资源和转移的程度怎样，对于地区来说，最重要的是建立一些渠道，通过这些渠道进行水平结构的沟通，与地方当局保持有效联系，管理的职责和机会能够运行良好。在一些国家里，地区管理有比较久远的历史；而在另外一些国家里，试图转移权力还是一件非常新鲜的事情。被选举出来的和被任命的人，必须要学会承担责任，解决好地区内

的不同事务，还要学会处理与中央政府多变的关系。总之，要使高等教育服务地方发展，就要有高效率的地方管理。如果没有这一点，高等教育服务地方的潜力是不可能被完全挖掘和发挥的。

区域发展战略

应对这些挑战的一个方法是，制定覆盖全区的地区发展战略，此战略要着重分析地区的优势和机遇、弱势和挑战，并强调高等教育对地区发展能够发挥的作用。[②]一些参与了经合组织研究的地区，如加拿大太平洋地区和英格兰东北部地区，它们的发展战略都非常重视高等教育对地区发展的贡献，高校的科研团队在地区发展战略中发挥了至关重要的作用。这些发展战略通常涵盖商业、具体人口和地方，并强调高等教育在这些地方的贡献。具体的行动条款如下：

- 通过科学研究和开发（技术衍生、知识产权、商业咨询机构），创造新知识；
- 通过教学（以工作为基础的学习、毕业生招聘、职业发展/继续教育），开展知识转化；
- 为具有发展活力的地区提供文化养分和校园发展机会，以吸引和保留创新型人才；
- 建立多元社会，包容不同社会团体（城市的、乡村的、不同种族的）；
- 在全国范围内和全世界范围内，对地区进行市场开发（通过录取学生、科研合作、校友关系、召开会议）；
- 推动地区可持续发展。

地区发展战略规划需要详细说明政府、高校、科研中心和商业部门各自应该承担的责任，并应该转化成为高校专家意见和区域战略发展之间的纽带。区域发展战略还需要将各部门的发展规划整合在一起，这些部门的规划通常针对地区层面设计的（技术、卫生、劳动力市场等）。一些地区已经进行了初步尝试，但还有更多的地区没有行动起来。战略规划应该有助于诊断出地区的竞争优势，并在地区经济发展动力的基础上建构发展愿景。战略规划应该对利益相关者做出明确的承诺。战略规划要有助于鼓励高校发挥各种不同作用，包括提供新技术，但它的贡献却远不如此。虽然研究密集型大学通常对服务地区并不给予足够的优先权，在技术研发活动（如与活动相关的服务）给予的优先有限，但环境管理、旅游业、交通服务、文化、体育和休闲产业等方面能够为高校与商业部门合作提供新的可能。如果要不断推进地区发展的进程，应当准备好相关的行动计划，将各自的任务、责任、工作时间、资源配置、绩效考核说明清楚，这一行动计划还应当是可问责的，并定期进行综合评估。

专栏8.6　区域战略合作的案例

制定战略：在荷兰，特文特创新平台最初是由上艾瑟尔省和网络城市特文特建立的。特文特创新平台中有来自各方的代表，包括产业界、当地政府和服务地方的主要高校。它为创新型的特文特地区构建了发展愿景，并公布了行动计划。它明确了主要的创新者和项目，这些人和项目主要负责在五个重要领域进行创新。行动计划将已有的市政、省以及研发机构的资金整合起来，有助于发展跨领域的集成更多机构的项目。

为合作建设基础设施。在丹麦，2007年为鼓励地方政府进行卓有成效的改革，地区发展论坛成立。论坛代表包括新建地区、市政当局、地区商业部门、高校、科研团体以及劳动力市场的代表。各方希望地区发展论坛监控地区发展机遇，形成地区发展战略，并将此发展战略纳入地区委员会制定的发展规划之中。改革的卓有成效以及论坛的成功举办，都有赖于财政资源的配给，财政资源的有效配给将有利于新地区的发展以及提高它们对全国和地方政策制定的影响能力。

联合战略。在芬兰，教育部已经要求高校参与制定区域发展战略，区域的概念要大于一个行政区或一个县。与此同时，每个地区委员会都为自己的县制定了详细的为期四年的发展计划。尽管高等教育并不属于地区发展法规的管理范围，但是各县的具体的实施计划还是列出了一系列希望大学和理工学院做的事情。

搭建高等教育与区域之间的桥梁

资助联合行动

很多国家系统已经将有限的资源分配给了高校的区域合作活动，然而仍有一些国家把高校服务地方发展提到议程上来。涉及中央政府的自上而下的行动包括美国大学中心计划、加拿大联邦政府的太平洋创新基金——用于支持太平洋地区四个省的大学，这些大学力图承担和当地商业发展相关的研发工作（见专栏 8.7），以及已经提到过的韩国地区创新大学基金（NURI）（见第三章专栏 3.1）。

专栏 8.7　中央政府支持高校服务地区发展

在美国，经济发展管理委员会、美国商贸部在很早以前就开展了"大学中心计划"，该项计划的目的是与高校共同发展经济，提高商业各部门的发展能力，尤其关注那些经济不景气的社会部门。该项计划以三年为一个周期，主要是资助地方办公室的各行动计划，采取每年拨款的方式，在评定前一年度的表现和资金使用情况的基础上划拨下一年度的资金。大学中心项目为社区、县、地区、非营利发展组织提供了管理和技术支持方面的服务，还协助公司开展技术转化。该项目为 45 个州和波多黎各的共 69 所大学中心提供了资助，预算共计 770 万美元。近期开展了一次评估，检查了项目各方面的情况，包括中心效率、贫困地区的目标以及大学咨询的利用。

在加拿大，"太平洋投资合作伙伴"成立于 2000 年，这是一项为期 5 年、预算达 7 亿加拿大元、由加拿大太平洋发展机会机构负责的项目。该项目的目的是建立新的合作伙伴关系，以提高太平洋加拿大地区的发展能力，更好地在全球化和知识经济中竞争。通过"太平洋投资合作伙伴"，加拿大政府瞄准了几个方面的投资，包括地区创新、社区经济发展、商贸与投资以及企业和商业技术发展。该项目的主要内容是，预算为 3 亿加拿大元的"太平洋创新基金"。该基金主要是通过加速知识经济的发展，提升太平洋加拿大地区的经济实力。2005 年，"太平洋投资合作伙伴"项目进行了更新，设计了另外一个为期五年的资助力度与"太平洋创新基金"差不多的项目，作为其主要的运作项目。"太平洋创新基金"已成为重要的催化剂，鼓励商业和包括高校在内的科研团体建立密切的合作伙伴关系。它的目标是：①培养创新和研发的能力，这些能力将会使技术、产品、工艺或服务贡献太平洋加拿大地区的发展；②提升研发产品的商业开发的能力；③通过支持科研、开发和商贸合作伙伴关系以及整合太平洋加拿大地区的私人公司、大学、科研机构和其他机构，加强地区的创新能力；④使地区获得国家研发资助项目的能力得到最大化地发展。"太平洋创新基金"重点关注以下领域的研发项目，包括自然

171

科学和应用科学、社会科学、人文社会科学、艺术和文化。为符合条件的项目提供帮助，对非营利项目最高提供项目提供符合要求的总经费的 80%，对商业项目最高提供 75%。投给私立部门的资金，可视商业成功的情况，获得一些回报；而投给非营利组织的资金，如投给大学中研究机构的资金，则不需要回报。

在很多国家，并没有设立专项资金来支持高校区域合作，这增加了地区利益相关者利用可利用的国家/国际资源的负担。一个可行的解决方案是，设立一个单独的公共基金，这个公共基金由高校笼络的利益相关者捐赠，并接受日常监控。并不是所有的高校都被期望做所有的事情，相反，它们应该从众多的事务中选出符合它们自身使命以及学术形象的项目来做。然而，很多情形下，项目很可能需要几所院校共同完成，并且超越一般的服务形式（如教学、科研），而且可能需要建立"为了特殊目标的措施"，以确保实施。这样的地方行动可能会说服国家教育部，教育部通常要求高校承担与外部合作的职责，但是却不给予相应的支持，没有配套的资金安排。

问责和影响

为服务地区发展而开展的合作需要：能够取得双赢的环境，有能力承诺在短期内拿出产品，有能力承诺交货日期，有能力可持续发展，由现代知识管理系统支持的机构存储系统——这些优于人事和政策的变革，以及正规的评估管理和项目改进。

建立合作伙伴关系的一大挑战是问责制。在高等教育/地区发展的链条上，每一个组成部分都有各自不同的责任和期望。岗位生成和就业安置并不是高等教育的责任，同样，高等教育也不是市级地方政府或一些国家中省级地方政府的责任。服务社会的具体影响是难以测量的。事实上，很难确定地区经济的任何一个发展或者不平等的缩减在多大程度上仅仅是由高校与地区机构的合作产生的。

尽管我们难以测量产生的具体影响，但是仍然需要在建构进行基础分析的严密机制的方面给予投入，这严密机制是由合作的多方设计，来阐明地区的弱势，强调优势，既包括所受到的威胁，也包括面临的发展机遇。基础研究后，还要跟上的是对产出进行日常监控。这一过程将需要外部的同行评估。这将需要所有利益相关者的投入，以确保它们各自的职责在分析体系的考虑之内。

挖掘高等教育贡献区域发展的潜力

以上的讨论已经充分说明了，高等教育和地区发展之间需要建立一个网络化工作模式。这并不是倡导一种集权化的控制方法，如让国家政府直接指导每个高校在某些特定地点从事特定任务。同样，部分出于拨款机制的原因，高校区域合作也不适合采用基于表现或产出的市场驱动模式。我们要强调的是一种自下而上的合作，所有合作方都能够在合作中互惠互利。就目前出现的情况来看，已经出现的并且受到赞许的方法是，通过分享好的实践经验开展同行间学习。

为成功进行区域合作，需要在高等教育和地区发展之间建立国家级的一致的工作框架，这一框架鼓励或允许在亚国家层面开展联合行动。中央政府以前都要严格地为地区或地方政府分配任务和指导高校具体做些什么，但是已有证据显示，中央政府正在抛弃这种做法，逐渐转向市民和企业更加直接地参加当地和国家层面的事务，并且在知识合作生产的过程中，更加强化这些趋势，帮助在地区机构和高校之间搭建合作的桥梁。虽然地区和地方赋权的程度以及高等教育赋权的程度，各国都有所不同，但是如果没有赋权，高校服务地区发展的潜力就不可能转化为现实。在良好的条件下，区域合作能够成为一项严酷的考验，在考验的过程中，有更多的发展动力将被激发，更加开放的高校将被锻造，并共同应对和塑造广泛的社会发展。

注　释

①这些中心包括特文特大学的高等教育政策研究中心（CHEPS）、纽卡斯尔大学（东北英格兰）的城市和区域发展研究中心（CURDS）、门莫

利亚大学（纽芬兰，加拿大大西洋省区）的莱斯利哈里斯区域政策和发展中心、阳光海岸大学的可持续性卫生与区域合作研究所（iSHARE），以及瓦伦西亚技术大学的高等教育管理研究中心（CEGES）。

②高校得到了良好的定位用以向地区和社区提供大量的服务。它们具备从跨学科视角来分析未来挑战以及确定未来政策选项与方案的专业技能。它们是理念和创新的宝库，并且能够成为区域发展政策进程中极具价值的贡献者。虽然预测同构想往往主要是国家层面的行为，但在少数几个国家，它已经开始在地区和亚地区层面出现。

第九章

未来发展的指针

    本报告的最后一章从三个层面提出了未来发展的指针：中央层面、区域层面和高校层面。本章的政策建议强调，中央政府在建构利益框架和激励方面应该发挥促进的作用。建议还强调了在高校之间以及在高校和区域利益相关者之间建立合作伙伴关系的重要性。最后，建议强调高校要发挥更加积极的作用。

中央政府

    对于政府来说，需要承认高等教育在地区层面通过联结一系列政策中所发挥的重要作用。这些政策包括科学和技术、产业、教育和技能、卫生、文化和体育、环境可持续发展以及社会发展。如果国家希望推动整个高等教育系统或高等教育系统中的一部分来支持地区发展，那么涵盖教学、科研和第三项职能的高等教育的政策就应该包括明确的服务地区的内容。另外还需要承认，在各地不同的情况下，国家的政策，尤其是高等教育的资助体系，都将产生不同的地区影响。对于中央政府的建议如下：

- 建立更加"联合"的管理体制（财政、教育、科技和产业等各部门），协调有关地区发展中的优先发展项目、资源配置情况及发展战略的决策。

- 在高等教育管理法规中，明确高校区域合作的职责，并使其服务于经济、社会和文化发展的日程更加具体。鼓励高校在其宗旨和战略中声明区域合作。

- 进一步强化高校的自治权，增强它们在课程设置以及人力、财力、物力资源使用方面的责任感，通过为高校提供长期核心资助支持区域合作，提供额外的战略性的以激励为目的的资助项目。

- 通过发展测评指标和监控产出，评估高等教育对地区发展的贡献，强化高校对社会的问责意识；对高校的管理还应关注地区中的各利益相关者，鼓励高校参与到地区管理的机构中来。

- 调动高校的各种资源，来制定和实施区域和城市发展战略，鼓励真诚的合作。在合作中，高校不仅为制定地区发展战略提供技术支持，而且在实施过程中同时是一个行动者，以及一个真正的利益相关者。

- 为大学与企业间的合作提供更具支持性的环境：管理环境、税收环境以及不要给高校和商业部门造成过度负担的问责体制。

- 继续关注人力资源开发，为国家和地区的劳动力市场提供高素质的毕业生，提高当地劳动力的技能水平；通过开展远程教育、终身教育和网络教育，增加教育机会。

- 支持大学和地区内其他高校之间的合作，合作的方式主要是联合授予学位，联合开展教学和科研项目，共同制定发展战略，建立为产业合作提供一站式服务的办公室，最终提高高校服务地方企业的水平。

区域和地方政府

对于很多在区域和地方层次运转的政府当局来说，高等教育和个别一些机构仍然是一个"黑匣子"。教师和科研人员组成的学术团体由什么驱动，高校如何管制和管理，中央政府的资助机制是什么样子的，这些问题都难以让人理解。要想理解这些问题，就需要以详细的科研和教学知识作为基础，以便确定什么时候提供机会让适当的高校或高校中的一部分参与到协商的过程中。对于地区和地方政府的建议如下：

• 为主要利益相关者搭建合作关系结构，主要利益相关者包括地区和地方政府、商业、社区和高等教育，就高等教育与地区发展的关系，开展集中对话，确立和培养公共部门和私立部门领导者，并普及这一合作关系结构。

• 调动高校的资源，制定和实施地区和城市在经济、社会、文化和环境发展方面的战略。

• 联合高校开展项目，为地区商业发展和社区带来利益（如平移的研究设施、针对中小型企业的咨询服务、职业发展计划、毕业生保留计划、文化设施和项目）；支持高校争取国家的和国际的资源，开展活动、增强区域影响（联合投资/杠杆作用）；确保提供给高校的资源用于促进区域合作，培养可持续发展（连续多年）的能力，而不仅仅是短期特设项目的集合。

• 确保在教育的不同层级建设一个全功能的人力资本系统。

高　校

高校区域合作的范围和程度，很大程度上取决于高校对自己的定位以及高校所扮演的领导角色。与其他一些高校相比，一些高校更加具有企业化的特征，不仅因为它们发展了更多的衍生公司，还因为它们与地方利益相关者建立了稳定的合作关系，以及它们进行了制度调整，强化了自身管理核心，并建立了专业管理系统，开展了卓有成效的行动。通过高校间的合作及协商，能够获得很好的结果。对于高校的建议如下：

• 分别和集中地规划高校教学、科研和第三项职能与区域和外界的联系，开展自我评估以满足区域发展需要。

• 制订一个区域合作的日程，考虑为经济、社会和文化提供整套服务机制，持续改善这些行动，并监控行动的结果。

●承认区域合作能够提升教学和科研这两项中心任务的水平（如地方可以作为高校的一个实验室，可以为学生提供工作经验，可以为提升高校的全球竞争力提供财力）。加强横向联系，将教学、科研和第三项职能整合在一起，这就可能打破学科间的壁垒（教师和院系）。

●加强高层管理团队建设，使他们能够针对区域形势作出能代表全体高校的回应，这是地区利益相关者的期望，但不应因此影响学者们的创业热情。

●建立地区发展办公室，主导地区发展的日程，将个体案例研究形成系统行为；培养具有沟通能力的人士，这些人将在不同网络和组织之间发挥看门人的作用。

●要建立一些机构将高校和地区联系起来（如科技园区、继续教育中心、知识转化中心），并确保这些机构不成为进入学术中心地带的障碍，这些机构也不可以成为组织间相互隔离的借口。

●建立现代管理制度，建立人力资源管理系统和财务管理系统；检查招募、聘用和奖励系统是否包含了鼓励区域合作的内容。

●与教职人员和资源部门建立合作性组织，这可以在地区内联系所有的高校，并且能够开展切实的合作项目和计划，以满足和应对地区发展的需要及带来的机遇。

附录 A　主要经合组织国家支持高校为区域发展作贡献的计划

该附录表明了这份区域自我评估报告的结构，也为可能涵盖的问题提供了案例。这不是一个调查问卷，也不打算对每个条目都做出回应。其目的更像是扮演一份备忘录，它阐明了可能被涵盖的主题和信息的范围。

第一章　区域概述

地理状况

1. 就国家资本和经济文化活动的其他主要中心的可及性而言，区域相对于国家领土处于怎样的位置？

2. 在城市和区域的国家层级方面，区域适合的位置在哪里？在过去 20 年里，其位置是有所提升还是有所恶化？

3. 就以下方面而言：①城市中心的模式；②区域内部的可及性；③城市/农村的联系，内部人口分布结构的关键特征是什么？

4. 哪里能够提供与定位机构相关的高等教育（校园位置和远程学习供应）？

人口形势

5. 区域的关键人口指标是什么？在过去 20 年里这些指标如何变化？请列出以下方面：

- 人口的年龄结构
- 出境移民和入境移民
- 健康和幸福

- 贫困水平

6. 当地人口就阶层和性别来看在高等教育的参与程度怎样？学生去哪接受高等教育（区域内和区域外）？

经济和社会基础

7. 与国家平均水平相比，区域的经济和社会基础如何？请列出以下方面：

- 按行业划分的产业结构
- 区域经济中知识密集型行业的重要性
- 主要的出口行业
- 就业人口的职业结构（体力的、技术的、文职的、专业的等）
- 企业的所有权结构（如中小企业与跨国企业之间的平衡）
- 公共和私人研究与开发（R&D）的水平
- 企业活动的指标（如新企业形成的速度）

8. 区域显著的社会和文化特征是什么？

9. 高等教育部门的经济影响有哪些？从以下方面来考虑：①就业数字；②高校、员工和学生花费的倍数效应。

10. 关键的劳动力市场指标是什么？请列出以下方面：

- 失业情况
- 经济活动速率
- 人口的受教育程度水平，包括正在接受教育的比例
- 大学阶段的教育条件
- 毕业生的来源和去向

11. 在以下指标方面，区域相对于国家来说在过去 20 年是怎样表现的？①人均 GDP；②人均 GVA；③失业人数；④增长行业的就业份额。

治理结构

12. 区域内中央、区域和地区政府的结构是什么样的？特别是以下方面由谁来负责：

- 公共服务资源（地区、区域和国家税收之间的平衡）

- 经济发展
- 教育（初等、中等、高等和职业）
- 健康和福利
- 文化供应

13. 在经济和社会发展上什么力量是当地和区域当局可以使用的？请列出以下方面：①土地和财产的获取；②对企业的财政刺激；③职业教育的提供。

14. 地区和区域当局如果对高等水平教育的提供和研究与发展有所影响，那么影响是什么？

15. 地区和区域当局如果对关于高等水平的教学和研究方面的国家政策有所影响，那么影响是什么？

16. 在国土发展政策对区域产生影响的时候，其主要的驱动力是什么？在这些政策发展过程中高等教育拥有什么样的位置？

第二章　高等教育系统的特征

高等教育的国家系统概述

1. 国家高等教育系统的主要特征是什么？请列出以下方面：

- 高等教育系统的总体规模如何（学生数目、参与率）？过去十年里系统的总体规模是如何变化的？系统的哪些部分得到集中发展？
- 为确定不同类型的高等教育"产品"的需求和供应情况，在国家层面上进行了哪些数据分析？
- 概括高等教育系统的基本管理方法和管理框架（也就是资金途径和机构自治），包括适用于它的主要法规。
- 简要描述出那些负责制定高等教育政策、财政支持制度以及确保质量方面的主要国家机构及其指令。概括国家高等教育政策是如何发展的。
- 机构间关系的主要特征是什么？包括合作、竞争、市场导向。

2. 在涉及国土发展的政府部门、科学与技术以及发起的高等教育之间的对话进行到什么程度？用来协调整合由不同部门制定的政策和措施的现有机制是什么？

国家高等教育政策"内部"的区域视角

3. 国家高等教育政策在何种程度上拥有一个区域层面？在解答的过程中，以下的问题可被列入考虑：

● 在决定于哪里定位和建立新的机构过程中，区域发展（经济的、社会的、文化的）考虑是否发挥了显著的作用？

● 为奖励那些进行区域合作或使得这种参与变为可能的机构，拨款安排是否发生改变？

● 政府是否将区域合作作为一项正式要求强加于机构？

● 不同参与者（如不同政策领域的中央政府、区域当局）采取了哪些政策行动，以培育高校的区域角色并刺激高校、产业、政府和民间团体之间的区域合作。

4. 这些考虑对于不同类型的高校（即，大学与非大学高校）产生了什么程度的不同影响？

5. 对高校区域角色的强调和重视是否牵涉任何政策压力？例如，在区域委托与高校努力追求质量和国际竞争力之间是否存在冲突？如果存在冲突，又是如何被解决的？

区域高等教育系统与管理

6. 概括区域内高校的基本轮廓和特征。

● 高校和区域之间的历史联系如何，这些联系是如何发展的？就以下几方面来说：①员工和学生数量；②学院融合；③机构在区域和国家高等教育系统中的位置；④教育和研究功能之间的平衡；⑤地区焦点，机构在过去十年里是如何演化的？

7. 在区域层面上发生的高校融资和管理到了何种程度？

8. 是否存在区域组织对高校的资金和管理负有战略责任？

第三章　研究对区域创新的贡献

响应区域的需要和要求

1. 高校研究政策是否拥有一个区域层面？

● 高校在何种程度上利用区域特点来开发研究活动？

● 哪些其他区域合作者被卷入这一过程？那些研究联系如何建立起来的？

● 技术转移办公室是否具有一种既是区域性的又是国际性的和国家性的角色？

2. 为满足特定区域的技术和创新需要和要求，如中小企业的需求，是如何做好准备的？这种准备是否在与其他区域的创新和技术参与者，如公共实验室和研究机构，进行合作的过程中着手的？

3. 奖励和补偿那些基于区域的研究（即，地区/区域团体对已有知识的运用，这有别于国家/国际学术团体的"基础"知识生产）的现有机制是什么？而这些研究在传统上是否在如学术期刊等同行审查程序之外的？

促进研究和创新的框架条件

4. 国家合法框架（如知识产权法）是否支持高校在研究和创新（包括与产业的研究和创新合作关系）中的角色？对于高校和产业二者来说，在高校—产业关系中激励和障碍分别是什么？

5. 描述出高校在刺激研究者与产业（大型企业和中小型企业）之间创新和知识转移方面的途径。现有的国家或区域政策是否旨在鼓励高校扮演这样的角色？

6. 现有的政策或资金项目是否旨在鼓励高校与产业之间的合作研究和研究人员交流？

知识开发和转移的促进平台

7. 设立了哪些机构用来促使高等教育部门研究基地的商业化，并加快高校和区域利益相关者之间的技术转移？请列入以下方面：

- 研究合约、协作和咨询
- 知识产权（IP）事务
- 衍生公司、企业孵化器、科学园的创立以及集群
- 教学/培训和劳动力流动

8. 高校和其他区域利益相关者是如何筹划上面提到的这些机构的？

- 在创立那些机构的过程中，中央政府、区域当局、高校、区域研究组织和企业各自扮演了什么角色？
- 在高校内或在高校之间是否创立了专门的机构？

9. 区域内是否有适当的机构在其签约的产业合作伙伴之外更大范围地宣传其研发和创新行动（即，展览、竞赛、正规示范、媒体、区域网页链接等）？

结语

10. 与研究对区域创新的贡献相关的区域利益相关者之间的合作：①区域内的大学之间；②大学和非大学高校之间；③高校和其他区域利益相关者之间（即，企业、当地政府、研究实验室和机构等）。

11. 区域内与研究对区域创新的贡献相关的优势、缺陷、机会和挑战。

第四章　教与学对劳动力市场和技能的贡献

学习过程的本土化

1. 高校如何利用某区域的具体特性来促进学与教？

- 是否有些能够满足区域需要的课程？
- 学习项目如何能够反映和创造性地解决地区的中长期发展需求，而不只是培训学生来满足现有的、已知的、数量上的短期技能需求。
- 高校内是否有学习计划旨在提高学生既有进取心又有技术的能力，以将实体和精神完美结合来利用区域的问题和机会？

2. 在本土化学习的过程中，职业服务的角色是什么？

3. 在课程设置、住宿和志愿活动方面，区域内的学生是如何被整合的？

4. 存在何种机制来监督/认可课外活动？

5. 研究生活动是区域进行技术转移的一个有效工具，也是将掌握高级技术的毕业生纳入区域经济体系中的一种方式（即，丹麦的博士产业项目、英国的教研公司计划、来自当地产业的外聘副教授项目等），那么研究生活动在何种程度上满足了区域需求？

6. 区域内高校是否有助于那些围绕关键性的区域战略侧重点而进行的区域专长和知识的自愿联合与合并活动？

学生招收和区域就业

7. 关于区域招生的高校政策有哪些？为增加招生设置了哪些机构？为管理区域招生工作，区域高校之间是否有一些合作关系或定额安排？

8. 高校对自己作为区域教育供应链上的部分的认识程度如何？

9. 哪个机构的存在是为区域高校与区域公司，特别是中小公司之间创造通道的？

10. 为监控毕业生流向劳动力市场情况，劳动力市场信息的聚集程度如何？这一过程是否涉及其他区域利益相关者？

11. 是否有些专门的行动或实践来支持毕业生企业（即，英国的剑桥MIT 行动），以将毕业生留在当地并吸收校友返回当地？

促进终生学习以及继续的职业发展和培训

12. 继续教育和专业进修是如何进行组织的（即，成人通识教育；定制的和专科的专业进修）？

13. 为增加对区域的专业教育供给，高校中是否建立了外部的或独立的企业（即，分开的、自主运作的企业学校）？

14. 这种供应是否在与其他区域相关者的合作中着手的？

15. 在满足区域培训需要过程中涉及哪些区域合作伙伴？

16. 设置了哪些机构来增加那些传统上不具代表性的学习者在高等教育中的获得机会（即，少数族裔、返回的成人学习者、身体或智力有缺陷的人）？

改变教育供给的形式

17. 哪些机构的存在是为了促进灵活的教育供给的，如卫星校园、认证网络、在线课程和拓展中心？

18. 鉴于这种多地区的教育供应，高校如何维持制度上的连贯性？

19. 高校是否利用新的基于信息通信技术的课程传送形式来增加更广泛群体的教育机会？

20. 在基于地方的教育供给和虚拟的教育供给之间存在什么样的紧张形势？

改善区域学习系统

21. 对存在于区域层面上的教育系统有何种程度的清晰认识？高校是否认识到了在区域基础上发展教育的需要？

22. 为确定区域内高等教育"产品"的需求和供应而进行了哪些数据分析？

23. 是否设置了程序以支持高校之间在这方面进行区域合作？

● 存在于大学与非大学高等教育部门之间的联系媒介和教育机构之间是否有信用转让体系？

24. 为提升在参与区域高等教育过程中的性别平等而采取了什么措施？

结语

25. 区域利益相关者之间与教与学对劳动力市场和技能的贡献相关的合作：①区域大学之间；②大学与非大学高校之间；③高校与其他区域利益相关者（即，企业、当地政府、研究实验室与机构等）之间。

26. 区域与教与学对劳动力市场和技能的贡献相关的强势、缺陷、机会和挑战。

第五章　对社会、文化和环境发展的贡献

社会发展

1. 高校是否为社区提供了设备和专业意见支持以实现其服务功能？如健康与医疗服务、福利咨询服务、文化交流服务、本土支持服务、宗教服务。

2. 在提供社会服务过程中，高校是否与社区进行合作？

文化发展

3. 高校是否为文化群体提供设备、专业意见和学习项目支持？

4. 高校是否鼓励体育事业的发展？

5. 高校是否借助其基础设施、项目和服务来支持艺术？

6. 高校是否设立了相关机构，通过这种机构使其文化设备资本能够得到共同管理并推向区域社区的市场？

环境的可持续性

7. 在向区域社区演说关注的环境问题时，高校校园是否是最佳实践中的一个实际范例？

8. 大学、区域社区和其他团体是否采取了共同的行动以向区域阐释环境可持续性的可能。

结语

9. 区域利益相关者与社会文化与环境发展相关的合作：①区域大学之间；②大学与非大学高校之间；③高校与其他区域利益相关者（即，企业、当地政府、研究实验室与机构等）之间。

10. 区域与社会文化和环境发展相关的强势、缺陷、机会和挑战。

第六章　区域合作的能力建设

促进区域高校区域合作的机构

1. 存在哪些正式的和非正式的机构来识别出区域需要？促进区域合作的催化剂是高校内部的还是外部的？

- 它们的正式程序如绑定的签署协议是否在参与关系中？

2. 政府与/或区域当局是否在以下方面对区域的知识资源进行过审计？①区域人口中人民的专长、技能和经历；②研究地点和空间；③为新的创新性的知识产生和传播行动而准备的研究与学习设施的可用性。

3. 区域的战略计划是否包括将高校的角色当做一个关键要素？

4. 政府和其他组织为高校提供了哪些可用资源以支持区域合作？这些资源是如何分布的？为支持高校进行区域合作而提供了哪些激励和支持？

5. 设置了什么程序来定期地评审高校和区域之间目前的参与安排情况，以便为这种关系的不断改善构造要素？

- 政府和/或区域当局如何评估高校在区域合作过程中的成功？在高校的区域合作方面，政府和/或区域当局是否鉴定一些优秀实践，如果是，那又是如何对其进行宣传的？

6. 存在什么正式和非正式的机构来协调高校在高等教育部门内部以及与其他参与者进行区域合作时的活动？

7. 高校在运行过程中是否利用现有的区域社区基础设施？同样，社区是否为了日常需要而使用高校的基础设施（即，实验室、图书馆、体育与文化设施、交通运输、学生宿舍等）？

促进区域对话和联合推广行动

8. 什么机构的存在是为了改善高校和区域利益相关者之间的交流与对话？

9. 哪些群体作为一部分进行了区域合作的对话？不同利益部门的区域利益如何？例如高等教育、产业、个体、公共和志愿部门所代表的利益部门。

10. 高校在区域内公共/私人组织中的员工代表的性质和程度是什么？

11. 外部组织在高校内部做出决策过程中所扮演的角色是什么？

12. 区域内的高校内部是否有联合的高校/区域促进与推广行动或一个"买当地的"购买项目？

评估和测定区域高等教育系统的影响

13. 高校是否集体地和/或单独地审查过它们对区域的影响以及与区域的关系（即，教育机构的直接经济影响；对当地经济发展的贡献；社会与文化影响）？

14. 审查报告是如何使用和分发给区域的，以及进一步地促进高校和区域的？

15. 区域内是否存在机构来提升对高校作用的意识？

［对区域内的每一所高校而言］

教育机构在区域合作方面的能力建设

1. 学术领导和中央管理在多大程度上被改变以便与区域需要相衔接？

2. 教育机构的战略计划是否包括它与区域团体的关系，并将这种关系看做提高其生存能力的关键策略？

3. 在区域利益相关者和教育机构之间主要的交流渠道是什么（高层管理人员、委员会等）？在教育机构中谁负责区域决策？

4. 有什么对内机构来负责协调机构内部的区域活动，特别是与资金问题相关的活动？什么新职位/办公室是通过明确区域和地区的审议而产生的？

5. 机构是否使用附加的任命职务来为其能力增加专家意见？

6. 机构是通过何种方式来对区域信息通信技术（ICT）设施作出响应的？它是否采用新技术来重组自己的管理结构？

人力和财力资源管理

7. 纳入教育机构人力资源政策的区域视角是什么？

●　对那些具有区域责任的员工进行了什么培训？员工进行区域合作的奖赏如何？

8.　区域的和国家的资金流是如何管理的？教育机构内部财政分权的可能性是什么？

9.　教育机构如何将新的移交的财政责任嵌入学院生活？

10.　区域合作及其活动的新资源如何？谁来为教育机构的区域角色负担费用？

11.　出现了什么教育机构能够接进的新的区域资金流？

创造新的组织文化

12.　在教育机构内实行更大的区域合作力度时，是否存在一些显著的文化障碍（即，地方主义所具有的内涵以及狭隘、新奇和质朴）？为克服这些障碍而做出了哪些努力？

13.　区域合作是教育机构使命的一部分吗？区域合作是否已成为教育机构学术主流的一部分？如果是，这对主流的教学和研究产生了多大程度的影响？

第七章　结语：跨出自我评估

1.　从自我评估过程中学到的经验。请列入以下问题：

●　对于加强区域的能力建设来说，哪些实践和方法论看起来是最具前景的？哪些因素对它们的成功发挥了积极的作用？

●　教育机构与区域的目标和宗旨之间有什么样的共同作用？存在相互冲突的利害关系吗？

●　为促使高校的参与力度更大，在教育机构、部门和个体层面上分别有什么样的鼓励措施？

●　不同阶层或集团的决策者们所面临的主要挑战是什么？

2.　增加高校对区域的贡献所带来的潜力和问题、机遇和挑战。

3.　展望未来：关于区域对未来政策的洞察力的讨论。

附录 B　主要经合组织国家针对高校区域合作的基于创新的政策与特色

图 B.1　主要经合组织国家的特征及其针对高校区域合作的基于创新的政策

国家	高等教育研究在GDP中的百分比（2004）	由产业提供经费的高等教育研究（2004）	高校数量	政策焦点	政策议题	主要计划[①]（中央或联邦层面）
澳大利亚	0.48%	5.7%	37 所公立和 3 所私立 +4 所其他高校	反对大学断裂；提倡创新型大学	增加研究型大学的数量；为研究项目设立单独的接入点；加强高校与私人部门之间的合作	合作与机构改革基金；澳大利亚研究委员会；联合项目；澳大利亚区域合作规划；CRC：合作研究中心
奥地利	0.59%	4.5%	14 所大学	区域集群政策	联邦与国家层面之间的协调	A+B 大学企业衍生规划；卓越中心；REG+；FH
比利时	0.41%	11.6%*	15 所大学	解决知识和创新系统的瓶颈	提高区域的知识吸收能力	佛兰德斯：针对传统产业的 TET-RA 基金；科学园财政支持；针对具有产业应用性的大学研究的 IOF；布鲁塞尔：产业研究津贴；瓦隆尼亚：FIRST

续表

国家	高等教育研究在GDP中的百分比(2004)	由产业提供经费的高等教育研究(2004)	高校数量	政策焦点	政策议题	主要计划（中央或联邦层面）
加拿大	0.70%	8.2%	157所公立大学，175所经认可的公共社区学院和技术学院	高等教育研究的商业化	将高等教育研究与市场需求结合起来；改善知识产权体系；为高校中的企业设立单独的接触点	亚特兰大创新基金；研究优秀讲座；卓越中心；NRC-IRAP；加拿大创新基金会；NSERC合作规划；NSERC创新理念；IMAC
丹麦	0.61%	3.0%	12所公共研究型大学，55所其他高校，以及大约22所文化机构	区域创新平台	五个区域的创造性表现（implications of the creation）	区域卓越中心；区域知识引航员规划；贸易与产业合作
芬兰	0.68%	5.8%	20所大学，27所工艺学院	开拓区域创新体系的范围	高校专业技术和服务对中小企业需求的适应	专业技术中心；TULI规划；群聚规划；技术诊所
法国	0.41%	2.7%	85所大学加上为数众多的大学校	增加区域创新行动	薄弱的大学研究与开发；有限的与公司的合作；区域创新体系中创新性中小企业的低参与度	竞争力制高点；高校中产业和商业服务；技术平台；企业议事会

国家	高等教育研究在GDP中的百分比（2004）	由产业提供经费的高等教育研究（2004）	高校数量	政策焦点	政策议题	主要计划（中央或联邦层面）
德国	0.41%	13.2%	350所大学和应用技术大学	学习型区域；东德地区的发展	鼓励创业精神；捆绑能力	创新地区；EX-IST；区域创新增长制高点；创新能力；INNO-PROFILE NEMOS
意大利	0.36%		77所大学	北部—南部切分	在地区和集群中灌输研究与开发和创新	技术区域；联合实验室；ICT行动计划；孵化器
日本	0.43%	2.8%	716所大学和478家学院	增强高校在科学与技术领域的创造力	增强建设高校功能的能力；筹划当地合作中心和区域高校联合组织	知识集群项目；产业集群项目；支持已批准的技术许可办公室
韩国	0.28%	15.9%	135所四年制大学和106家地区学院	均衡的区域发展；改善区域创新体系的管理	增加高校之间的合作；支持国家以下级别政府和高校之间的合作关系	区域创新的新大学（NURI）；NRL；产业—学界合作团体；技术创新中心
墨西哥	0.16%	2.0%*	1892所高校，包括713家公立机构	区域与国家的生产性努力中的研究整合	加强高校、联邦实验室和产业之间的合作；建设区域创新集群	COEPES；墨西哥知识与创新规划（KIP）；AVANCE；CIMO

续表

国家	高等教育研究在GDP中的百分比（2004）	由产业提供经费的高等教育研究（2004）	高校数量	政策焦点	政策议题	主要计划（中央或联邦层面）
荷兰	0.50%	6.8%*	13所研究型大学，45家学院，开放大学	知识转移	将中小企业与高校连接起来	讲师；知识圈；知识担保人；RAAK规章
挪威	0.48%	5.0%*	6所大学，5个专业化大学机构，25个大学学院，2个艺术学院	创新和区域政策的协调	鼓励集群中大学的参与；监督政府基于知识研究、转移和商业化的创新策略	FORNY；MOBI；SIVA创新中心；VS2010；ARENA；专业技术中心
西班牙	0.31%	7.5%	48所国家资助的大学（包括1所远程学习高校和23所私立大学）	区域创新体系支持之间的差异	增进高校和公司之间的协调；改善对公共资金的接近途径	区域权威规划；PETRI规划；鼓励具有产业应用性的研究成果的转移项目
瑞典	0.87%*	5.5%*	14所国立大学，22家国立大学学院和3所私立学校	区域创新体系；由少量与8所最古老大学合作的跨国企业控制的高校—产业衔接	增加基于高校的初创企业的数量	大学—中小企业合作；通过具有活力的创新体系的VINNVAXT区域发展规划；厄勒合约

国家	高等教育研究在GDP中的百分比(2004)	由产业提供经费的高等教育研究(2004)	高校数量	政策焦点	政策议题	主要计划（中央或联邦层面）
瑞士	0.67%	8.7%	15 所大学，12 所应用科学大学（专业高等学院）	弥合研究与创新之间的隔阂	高校的专业化；加速知识转移	应用科学大学中的能力建设；高校中初创企业和创业精神的推广
英国	0.40%	5.1%	169 所大学和高等教育学院（＋继续教育学院），一些私立学院	开发高校创新潜力	边缘地区的吸收能力	HEIF2；知识转移合作；区域创新资金

＊ 2003 年反映的数据。

① 下面是关于每个国家的规划的更多细节。

资料来源：OECD，主要科学与技术指标，2006 年 12 月。

澳大利亚

高等教育部门的大部分资金均从联邦政府获得。合作与机构改革基金（CASR）促进了高等教育部门内部及商业—高校合作过程中的机构改革。预算：2005—2010 年 5100 万澳元。在特殊联合资金（合作研究）中，若干澳大利亚研究委员会（ARC）项目为高校进行有力的区域合作实践提供了可能性。预算：2002 年 7600 万澳元。区域合作基金是由地区协商委员会管理的，该委员会拥有区域内商业和关键经济部门的代表。最后合作研究中心（CRC）项目对合作研究中心的建立予以支持，合作研究中心能够将来自于大学、政府研究实验室（联邦的、州和地区）以及私人部门的研究者和研究团体聚集起来，建立起长期的合作关系。自从该项目从 1990 年启动至今，共计 145 个合作研究中心计划得到批准。在 2002/2003 年度，一份 1.48 亿澳元的财政预算用于该项目。

奥地利

A＋B：区域合作者的学术界—商业界网络为获得国家对新兴公司中心的支持而展开竞争（项目中学术界的参与是必需的）。预算：2002—2009 年为最初两次调用提供 2000 万欧元。其目标是要在 5 年内培养出 200 家公司。评估正在进行。REG＋旨在增加技术与创新中心的业绩、强化区域创新体系以及改善与高校之间的合作。该项目已包括 240 个成员。预算：2000—2006 年投入 1080 万欧元。积极评价。FH＋旨在提高应用技术大学的能力。2002—2015 年划拨 750 万欧元的财政预算。积极评价基于应用技术大学在国家和国际财团中参与度的增加。种子资金：预算为 3800 万欧元。

比利时

布鲁塞尔首都地区：产业研究津贴项目。该项目的重点关注于增加公司研发和强化与研究基地的联系。预算：500 万欧元。无评估。

瓦隆尼亚：FIRST 项目旨在增加大学研究的科学与技术潜力（FIRST 高等教育），鼓励高校研究者对研究成果的商业化开发所需条件进行研究（FIRST 衍生公司），促进在与公司建立起合作关系的框架内部的研究活动（FIRST 企业），以及支持国际流动（FIRST DEI）。针对公司进行的基于大学的技术支持的可行性研究。预算：950 万欧元。有利的评估以及需求增加的迹象。大学—产业衔接项目。它为雇用补充人员提供支持。预算：2000—2003 年 100 万欧元。动员项目面向于大学实验室以促进战略地区的研究活动。预算：1991—2004 年 1.8 亿欧元。

佛兰德斯：IOF 是一项针对大学的产业研究的基金。预算：两次调用 1200 万欧元。卓越制高点每年有一份 1000 万欧元的财政预算。评估结果通常是积极的。工业区与科学园支持。TETRA 基金为大学技术转移提供协助。预算：2004 年为 23 个项目提供 600 万欧元。研究委托的目标是在研究成果的商业化过程中为研究者提供帮助。

加拿大

联邦政府是大学研究和创新的首要支持者。新战略的内容包括加拿大创新基金会（CFI），21 个研究优秀讲座（预算：每年 3 亿加元），以及卓越中心网络。联邦政府还通过研究拨款理事会资助大学研究，如国家科学与工程研究理事会（NSERC），社会科学与人文学科研究理事会（SSHRC）或加拿大健康研究学会（CIHRC）。针对中小企业的主要项目包括 NSERC 合作研究发展拨款项目，国家研究理事会产业与研究项目NRC-IRAP 或 NSERC 创新理念。大学在 2005—2006 年从 NSERC，SSHEC，CIHR，CFI 和 IC 那里获得了 22 亿加元的资金。还有一些专门的创新基金，如亚特兰大创新基金（AIF）。这项基金在三轮内对基于知识开发并涉及产业和高校的项目共给予了 3.7 亿加元。拥有来自高等技术部门、研究与开发产业和大学代表的加拿大创新管理联盟（IMAC）致力于创新商业化的推广。

丹麦

区域知识引航员使得中小企业能够雇用学术员工。预算：过去的两年里 1750 万丹麦克朗。专家技术中心关注的是区域能力，并在中小企业之间充当起协调人的角色。卓越中心（已计划 6 至 10 个）旨在加强研究和产业之间的合作。这些提议是最近产生的，还未进行评估。孵化器：科学、技术与创新部已经批准了 8 所大学的孵化器。IT 贸易和产业当地合作项目已在最初的四个地区开展。

芬兰

专业技术规划中心旨在保证将研究中心和高校的最新知识迅速转移到公司（合作是强制性的）。5250 万欧元（1999—2006 年）的投资在 5.78 亿的总资金中作用巨大，创造了 1.3 万多份新的知识密集型工作，维持 2.9 万份工作，并促使1300 公司的成立。集群规划（预算：1 亿欧元）在公共部门获得了成功，然而公司的参与则仍然是个挑战。增加研究成果的利用（预算：2003 年 230 万欧元；没有评估）。技术诊所（预算：400 万欧元）旨在增进对中小企业的技术转移。15—20 个诊所正在运行。评估结果突出了更有效的市场营销的必要性。TULI 规划（预算：2005 年 260 万欧元）旨在促进对研究结果和有前景见解的开发。TULI 项目是由当地的技术转移公司运行的，并由芬兰科学园联盟（TEKEL）协调。规划的灵活性是被认可的。在研究机构中的协调人网络被认为是该项目的主要力量。

法国

竞争力制高点。该规划对那些通过招标广告而选择出来的公司和高校组成的地区或区域网络提供资助。预算：2005—2007 年为那些呈现出 66 个精选制高点的项目提供 15 亿欧元。SAIC（产业和商业事务服务）旨在将高校产业和商业活动的促进活动集中到单一的结构中。经过几次参与要求，公共资金已被引导入大学来资助这些结构。自 2001 年起共成立了 22 个 SAIC。区域孵化器组织为公共研究团体和企业之间的合作提供支持。国家公共资金在孵化费用中占据 50%。预算：研究部提供 4600 万欧元，ESF 提供 800 万欧元。技术平台（PFT）旨在发展高校和其他培训机构的第三功能，并加强中小企业和高校之间的联系。2004 年共有 70 个平台。预算：22 万欧元。高校的企业议事会：2004 年选择了六个项目。预算：25 万欧元。目前没有评估。

德国

创新增长制高点对东部兰德（Eastern Lander）那些关注区域和主题的自下而上的创新计划提供支持，将中小企业、研究组织/大学和其他参与者联系起来。截至 2007 年共有 28 个制高点受到资助。预算：至 2009 年 1.5 亿欧元。

创新能力中心建立具有创新能力以及对年轻研究者具有吸引力的研究中心。2002 年以前，6 个中心共获得了 7300 万欧元的资金支持。InnoProfile 自 2005 年起增加那些处理区域内中小企业创新相关的具体问题的研究中心里年轻研究团体的数量，并加强与它们的合作。预算：2012 年前 1.5 亿欧元。

EXIST 在竞争的基础上挑选网络。自 1997 年，200 所大学和 109 个项目参与到该项目中。在 5 个 EXIST 示范区域内大约有 550 家创新的初创公司成立。1998—2005 年预算：4 500 万欧元。能力网络对那些科学、教育和企业之间的区域集中网络予以支持，以产出创新。这些网络中的 102 个已在 32 个地区建立。预算：市场营销和管理方面 200 万欧元。学习型区域项目将区域内教育的供给和需求结合起来，试图找到终身学习的最佳解决方式。预算：政府部门和欧洲社会基金 2002—2007 年投入 1.2 亿欧元。NEMO，东德中小企业创新网络的管理部门，为中小企业和研究与开发机构组成的网络提供支持。第一阶段：23 个网络；第二阶段：15 个网络。预算：2005 年 600 万欧元。高科技启动基金鼓励支持从公共研究和大学而衍生出来的公司。预算：1.42 亿欧元的初始资金（平均资金：50 万欧元的项目资助）。

意大利

联合实验室旨在培养意大利南部地区产业和研究之间的协作。大学的参与是必要的。预算：2.12 亿欧元。适当的花费包括设备、培训、外部的专业技术和劳动力成本。22 个中心均是依照前面的要求设立的。六个地点的技术区域加强了意大利的分区模式。区域受到私人部门的联合财政资助，并且参与风险资本基金，但没有来自政府的财政支持。初创公司孵化器规划为初创阶段的企业提供高水平的技术协助、培训、咨询和后勤支持。预算：2005—2007 年 2300 万欧元。大学和研究机构有资格获得资助。信息通信技术行动计划为信息通信技术在公司，尤其是中小企业的传播提供拨款、担保、补助贷款和税收鼓励，并促进包括大学在内的公共研究协会的技术转移。

日本

2004 年，90% 的国立大学参与到合作研究或委托研究中。83% 的案例中合作机构是私人部门企业；29% 是中小企业。依据 1998 年促进大学—产业技术转移法，获取专利的权力被转移到大学技术转移办公室（TLOs）。经批准的 TLOs 接受国家援助，直到企业创立。2004 年改革后，国立大学公司在初创公司中拥有股份变为可能。集群项目的细节在第五章中有所论述。

韩国

区域创新的新大学规划（NURI）是一项政府资助的行动，用以加强在首尔大城市地区以外的高校的能力，促进适应于区域经济特征的课程调整，并在高校、当地政府、研究协会和公司之间建立三重螺旋合作体系。预算：2004—2008 年（112 所大学）1420 亿韩元。智慧韩国 21（BK21）旨在通过项目规划来培养受过训练的劳动力，这些项目设立以研究为重点的研究生院，培养毕业生来满足工作市场的需要，并发展当地的大学。预算：自 20 世纪 90 年代末起每年 20 亿韩元。政府还在全国范围内支持着超过 444 个的国家研究实验室（NRL）：278 个在学术界。预算：五年 25 万美元。不同区域的大学里还有 38 个技术创新中心。1995 年迄今，科学与技术部已经为 59 个学术界区域研究中心提供资金。预算：8 年 133 亿韩元。

墨西哥

墨西哥已设计了一套旨在促进更大范围分布的教育政策。国家计划机构，COEPES，在区域层面上负责第三级教育的计划管理。SEP（公共教育秘书处）和 CONACYT（主管科学与技术的国家机构）已经创立了一系列项目，以鼓励第三级教育中教师的研究资格，提升研究生课程的质量，并增加高校的生产效率和产出。知识与创新规划（KIP）旨在增强高校、产业和社会之间的联系来寻求科技创新的机会。这对国家创新体系的分化是有所帮助的。整体质量和现代化项目（CIMO）是由劳动部运行的，它为当地公司提供技术培训，并将来自大学与公共和私人机构的研究者网络凝聚在一起。合作研究方面的政府—产业对等筹款要素以 CONACYT 项目的形式存在，CONACYT 规划的目标是创造出基于科学与技术发展之上的新企业（AVANCE）。拥有混杂的联邦和国家资金的 CONACYT 项目有助于改善在创新支持性基础上支持群聚发展和处理漏洞的策略。

荷兰

自 2001 年起，有项政策在高等职业教育机构中指定了越来越多的讲师与知识圈。讲师与知识圈旨在改善高校的外部定位情况，尤其是对于中小企业的定位。知识圈网络是由领域内公司及相关组织组成的。预算：2006—2007 每年 3 840—5 000 万欧元。知识担保人（请见第五章）对于从知识学会购买服务的公司来说是种激励。RAAK-regeling（知识创新的区域行动和关注）旨在增进高校和中小企业部门之间的关系。它为高校（也包括地区教育和培训中心）和中小企业之间知识开发和知识交换领域内的合作项目提供财政支持。预算：500 万—800 万欧元。

挪威

具有明确区域定位的主要规划包括 FORNY、MOBI、SIVA、VS2010、ARENA 和专业技术中心。FORNY 项目重点关注高等教育部门想法的商业化以及知识产权问题。MOBI 项目的一部分为涉及同一区域大学学院和公司的研究与开发项目提供资金支持。SIVA 是超过 60 家创新中心的一个共同所有者，包括科学与研究园、知识园、企业公园，以及风险资本和种子资金机构。预算：3 亿挪威克朗（约 5000 万美元）。参与者包括 1000 多家私人投资者、产业公司、高校和其他研究与开发机构。VS2010 鼓励公司与组织开发与创新过程中的研究者进行协作，以激发公司，尤其在区域层面上的基于内部和网络的创新潜力。通过关注网络和区域合作关系中联盟/雇主联盟参与和开发联合，这一问题得到强调。ARENA 有助于通过公司、知识供应者与公共部门之间的合作而增加的创新与财富创造活动。该规划是为公司和知识机构的区域集群而设立的。专业技术中心（试点项目 pilots）旨在通过加强区域的核心竞争力以及鼓励正式的三重螺旋合作来增加区域和国家的竞争力。高校的外部关系和对外活动通过一个专门的框架而得到确立，该框架为高校提供工具以使它们在获取外部项目方面变得主动，并创造与这些活动相关的税收。

西班牙

大多数国家项目没有专门的区域层面，除了 PETRI 项目。该项目鼓励将大学和公共研究机构产生的研究成果向公司，尤其是中小企业转移。

瑞典

VINNVÄXT 区域发展规划旨在构建具有高质量的研究与开发环境和活跃网络的强大创新体系。在发展的特殊地区中选择了几个区域，为它们提供 10 年的财政支持。与来自公共部门、学院和企业的参与者进行三重螺旋合作是强制性的。评估正在进行。奥瑞松德规划：该规划的主要目标是增加瑞典和丹麦研究中心和大学之间的合作来加强厄勒跨国界区域的竞争力。项目是联合出资的。预算：180 万欧元。评估：合作促进了跨国界联系，但长期合作仍是个挑战。大学和中小企业合作方案关注小型企业和高校之间新型合作方式。七所大学被挑选出来执行和检测那些能够在大学里出产企业家方面知识的经验。另外 6 所大学则被挑选出来推广第一阶段的成果。预算：2004—2007 年 350 万欧元。

瑞士

大学中应用科学的能力建设（UAS 或"高等学院"）。创新促进机构（KTI）通过资助 UAS 研究者的工资和/或对专业咨询服务提供联合财政支持来支持 UAS 与私人部门的联合项目。这不仅使中小企业受益，还利于 UAS 机构通过参与能力网络获得专家意见和技术，该网络是从不同区域和学科引入建立的。预算：2004—2007 年 7360 万欧元。评估：电信领域已取得进展。知识与技术转移（KTT）通过由知识与技术转移服务中心组成的五个社团来促进从包括大学在内的公共科学机构到私人公司的技术转移活动。五个聚焦区域的社团在区域层面上与高校和联邦技术协会的知识与技术转移办公室联系起来。预算：2005—2007 年 650 万欧元。目前没有评估。初创公司和创业精神推广项目旨在发展创新文化和增强从理念到市场的途径。该项目对劳动力成本、基础设施和设备提供支持。预算：2370 万欧元。它创造了 750 份工作和 67 个仍在运行中的初创公司。

英国

高等教育创新基金（HEIF）植入第三任务来鼓励大学与教学与研究周边的产业和更大范围内的社团进行合作。HEIF 在知识转移和商业部门活动方面为英国大学建立起合作机制，并关注大学与地区团体的合作。过去两个学年的预算：2.79 亿万欧元。2005 年的一项评估显示该项目在大学—产业联系方面影响有限，这表明在能力开发和商业传送（deliver business）之间仍有长期趋势的需要。知识转移合作旨在增加大学和公司之间的互动。毕业生被招聘到公司工作两年，与大学进行密切合作。政府全部支出：2004—2005 年 3540 万欧元。政府每资助 100 万英镑就有 47 份新工作产生，250 万英镑的每年利润增加值，以及 130 万英镑的对生产设备及机器的投资。80％的公司认为这种部署已经在相当大程度上扩展了它们的知识基础。

参 考 文 献

Agarval and Henderson (2002), "Putting Patents in Context: Exploring Knowledge Transfer from MIT". Management science, January 2002.

Aghion P. and P. Howitt (1998), Endogenous Growth Theory, The MIT press, Cambridge.

Arbo, P. and P. Benneworth (2007), Understanding the Regional Contribution of Higher Education Institutions: a Literature Review, OECD Education Working Paper, No. 9, OECD, Paris, www. oecd. org/edu/workingpapers.

Asheim, B. and M. Gertler (2005), "The Geography of Innovation", in J. Fagerberg et al. (eds.), Oxford Handbook of Innovation, Oxford University Press, Oxford.

Audretsch, D. B. and M. P Feldman (1996), "Innovative Clusters and the Industry Life Cycle", Review of Industrial Organization, Vol. 11, No. 2, pp. 253 – 273.

Bachtler, J. (2004), "Innovation-led Regional Development: Policy Trends and Issues", Paper presented at the OECD Conference on Innovation and Regional Development: Transition Towards a Knowledge-based Economy. Florence, Italy, 25 – 26 November 2004.

Bélanger, P. (2006), "Concepts and Realities of Learning Cities and Regions", in C. Duke, L. Doyle and B. Wilson (eds.), Making Knowledge Work. Sustaining Learning Communities and Regions, National Institute of Adult Continuing Education (NIACE), Asford Colourpress, Gosport.

Bender, T. (1988), Introduction in Bender, T. (ed.), The University and the City, from Medical Origins to the Present, Oxford University Press, New York/Oxford, pp. 3 – 10.

Best, M. (2000), "Silicon Valley and the Resurgence of Route 128: Systems Integration and

Regional Innovation", in J. Dunning (ed.), Regions, Globalization, and the Knowledge-Based Economy, Oxford University Press, Oxford.

Binks, M (2005), Entrepreneurship Education and Interactive Learning, National Council for Graduate entrepreneurship (NCGE) Policy Paper No. 1, www. ncge. org. uk/downloads/policy/Entrepreneurship_ Education_ and_ Integrative_ Learning. doc.

Birch, D. L. (1987), Job Creation in America: How Our Smallest Companies Put the Most People to Work, Free Press, New York.

Brennan, J., R. Naidoo (2007), "Higher Education and the Achievement of Equity and Social Justice" in Higher Education Looking Forward (HELF), European Science Foundation: Forward Look, forthcoming.

Brunner, J. J., P. Santiago, C. García Guadilla, J. Gerlach and L. Velho (2006), OECD Thematic Review of Tertiary Education. Mexico. Country Note, OECD, Paris, www. oecd. org/dataoecd/22/49/37746196. pdf.

Brusco, S. (1986), "Small Firms and Industrial Districts: The experience of Italy", in D. Keeble and E. Wever (eds.), New firms and regional development in Europe, Croom Helm, London, pp. 184 – 202.

Burt, R. (2002), "The Social Capital of Structural Holes", New Directions in Economic Sociology, Russel Sage, New York.

Christensen, JL., B. Gregersen and A. Rogaczewska (1999), "Vidensinstitutioner og innovation" (Knowledge Institutions and Innovation), DISKO project, Report No. 8, Erhvervsudviklingsraden (Council for the Development of Economic Life), Copenhagen. Centre for Urban and Regional Development (CURDS) (2005), OECD Territorial Review of Newcastle and the North East, OECD, Paris.

Clark, B. R. (1998), Creating Entrepreneurial Universities: Organizational Pathways of Transformation, Pergamon-Elsevier Science, Oxford.

Clark, (2006), OECD, Thematic Review of Tertiary Education. Country Report: United Kingdom, OECD, Paris, www. oecd. org/dataoecd/22/3/37211152. pdf.

Cook, P. (2004), "University Research and Regional Development", European Commission, Research Director-General.

Coulombe, S., J. – F. Tremblay and S. Marchand (2004), "Literacy Scores, Human Capital and Growth Across 14 OECD Countries", Statistics Canada, Ottawa.

Council of Europe (2006), Declaration on Higher Education and Democratic Culture: citizenship, human rights and civic responsibility, Strasbourg, 22 – 23 June 2006, http://

dc. ecml. at/contentman/resources/Downloads/Declaration _ EN. pdf (accessed January 2007).

Crawford, E., T. Shinn and S. S?rlin (1993), "The Nationalization and Denationalization of the Sciences. An introductory essay", in E. Crawford, T. Shinn and S. S?rlin (eds.), Denationalizing Science. The Contexts of International Scientific Practice, Kluwer, Dordrecht.

Davies, J., T. Weko, L. Kim, and E. Thustrup (2006), Thematic Review of Tertiary Education: Finland Country Note, OECD, Paris, www. oecd. org/dataoecd/51/29/37474463. pdf.

Department for Culture, Media and Sport (DCMS) (2006), Developing Entrepreneurship for the Creative Industries. The Role of Higher and Further Education, DCMS, London.

DfES, DTI, DWP, HM Treasure (2003), 21st Century Skills: Realising Our Potential (Individuals, Employers, Nation), The Stationery Office, London.

Drabenstott, M. (2005), Review of the Federal Role in Regional Economic Development, Federal Reserve Bank of Kansas City.

Etzkowitz, H. and L. Leydesdorff (2000), "The Dynamics of Innovation: from National Systems and 'Mode 2' to a Triple-Helix of University-Industry-Government Relations", Research Policy, Vol. 29, No. 2, pp. 109 – 123.

Felsenstein, D. (1996), "The University in the Metropolitan Arena: Impacts and Public Policy Implications", Urban Studies, Vol. 33. Florida, R. (2002), The Rise of the Creative Class and How It's Transforming Work, Leisure, Community and Everyday Life, Basic Books, New York.

Florida, R. (2005), "The World is Spiky", Atlantic Monthly, Boston.

Forum for the Future (2006), Forum for the Future website, www. forumforthefuture. org. uk, accessed 12 January 2007.

Friedman, T. (2005), The World is Flat: A Brief History of the Twenty-First Century, Farrar, Straus and Giroux, New York.

Fundación Conocimiento y Desarrollo (2005), Informe CYD 2005: La contribución de las universidades espa?olas al desarrollo, Fundación CYD, Barcelona.

Gertler, M. and T. Vinodrai, (2004), Anchors of Creativity: How Do Public Universities Create Competitive and Cohesive Communities?, Department of Geography, University of Toronto.

Gibb, A. (2005), Towards the Entrepreneurial University: Entrepreneurship Education as a Lever for Change.

Gibbons, M., C. Limoges, H. Nowotny, S. Schwartzman, P. Scott and M. Trow (1994),

The New Production of Knowledge: The Dynamics of Science and Research in Contemporary Societies, Sage, London.

Goddard, J., D. Charles, A., Pike, G. Potts and D. Bradley (1994), Universities and Communities: a Report for the Committee of Vice-Chancellors and Principals, Centre for Urban and Regional Development Studies, Newcastle University, Newcastle. Goddard, J. B. and P. Chatterton (2003), The response of universities to regional needs, in F. Boekema, E. Kuypers, R. Rutten (eds.), Economic Geography of Higher Education: Knowledge, Infrastructure and Learning Regions, Routledge, London.

Goddard, J. B. (2005), "Supporting the Contribution of HEIs to Regional Developments Project Overview", Paper presented to OECD/IMHE Conference, Paris, 6 – 7 January 2005.

Goldstein, H. and M. Luger (1993) "Theory and Practice in High-Tech Economic Development", in D. R. Bingham and R. Mier (eds.), Theories of Local Economic Development: Perspectives from across the Disciplines, Sage Publications, Newbury Park.

Grubb, N., H. M. Jahr, J. Neumüller, S. Field (2006), Equity in Education. Thematic Review. Finland Country Note. OECD, Paris, www. oecd. org/dataoecd/49/40/36376641. pdf.

HEFCE (Higher Education Funding Council for England) (2006), Widening Participation: a Review, Report to the Minister of State of Higher Education and Lifelong Learning by the Higher Education Funding Council for England, www. hefce. ac. uk/ widen/aimhigh/review. asp.

Innovation Associates Inc. (2005), Accelerating Economic development through University technology Transfer, based on Report to the Connecticut Technology Transfer and Commercialization Advisory Board of the Governor's Competitiveness Council, www. innovationassoc. com.

Joaquin B. J, P. Santiago, C. García Guadilla, J. Gerlach, L. Velho (2006), Thematic Review of Tertiary Education: Mexico Country Note, www. oecd. org/dataoecd/22/49/37746196. pdf.

Kaldor, N. (1970), "The Case for Regional Policies", Scottish Journal of Political Economy, Vol., 17, No. 3, pp. 337 – 348.

Kline, S. J. and N Rosenberg (1986), "An Overview of Innovation", in R. Landau and N. Rosenberg (eds.), The Positive Sum Strategy: Harnessing Technology for Economic Growth, National Academy Press, Washington, D. C., pp. 275 – 304.

Laursen, K and A. Salter (2003), "The Fruits of Intellectual Production: Economic and Sci-

entific Specialisation among OECD Countries", Paper No. 2, Danish Research Units for In-
dustrial Dynamics, University of Aalborg, Aalborg.

Lawton Smith, H., J. Glasson, J. Simmie, A. Chadwick and G. Clark (2003), Enterprising
Oxford: The Growth of the Oxfordshire High-tech Economy, Oxford Economic Observatory, Ox-
ford.

Lester, Richard K. (2005), Universities, Innovation, and the Competitiveness of Local Econ-
omies: A Summary Report from the Local Innovation Systems Project - Phase I. MIT IPC
Local Innovation Systems Working Paper 05 – 005 ┃ IPC Working Paper 05 – 010, http: //
web. edu/lis/papers/LIS05. 010. pdf.

Locke, W., E. Beale, R. Greenwood, C. Farrell, S. Tomblin, P – M. Dejardins, F. Strain,
and G. Baldacchino (2006), OECD/IMHE Project, Supporting the Contribution of Higher
Education Institutions to Regional Development, Self Evaluation Report: Atlantic Canada,
www. oecd. org//17/12/37884292. pdf.

Lundvall, B. ?. (ed.) (1992), National Systems of Innovation: Towards a theory of Innova-
tion and Interactive Learning, Pinter Publishers, London.

Lundvall B. ?. and S. Borrás (1997), The Globalising Learning Economy: Implication for
Innovation Policy, The European Communities, Luxembourg.

Malmberg, A. and P. Maskell (1997), "Towards an Explanation of Regional Specialization
and Industry Agglomeration", European Planning Studies, Vol. 5, No. 1, pp. 25 – 41.

Martin, F. and M. Trudeau (1998), The Economic Impact of Canadian University R&D,
AUCC publications, Ottawa.

Martin, R. and P. Morrison (2003), "Thinking about the Geographies of Labour," in
R. Martin and S. Morrison (eds.), Geographies of Labor Market Inequality, Routledge,
London, pp. 3 – 20.

Mathiessen, Christian Wichman, Annette Winkel Schwarz and S?ren Find (2005), Research
Output and Cooperation: Case Study of the ?resund Region: An Analysis Based on Biblio-
metric Indicators, University of Copenhagen, Copenhagen.

McClelland, C. E. (1988), "To Live for Science: Ideals and Realities at the University of
Berlin", in T. Bender (ed.), The University and the City. From Medieval Origins to the
Present, Oxford University Press, New York/Oxford, pp. 181 – 197.

Morgan, K. (1997), "The Learning Region: Institutions, Innovation and Regional Renewal",
Regional Studies, Vol. 31, No. 5, pp. 491 – 403.

Myrdal, G. (1957), Economic Theory and Under-Developed Regions, Gerald Duckworth,

London.

OECD (1999), The Response of Higher Education Institutions to Regional Needs, OECD, Paris.

OECD (2001a), Cities and Regions in the Learning Economy, OECD, Paris.

OECD (2001b), Managing University Museums, OECD, Paris.

OECD (2003a), Funding of Public Research and Development: Trends and Changes, OECD, Paris.

OECD (2003b), OECD Territorial Reviews: ?resund, Denmark/Sweden, OECD, Paris.

OECD (2003c), "Upgrading Workers' Skills and Competencies", OECD Employment Outlook, OECD, Paris.

OECD (2004), OECD Territorial Reviews: Busan, Korea, OECD, Paris.

OECD (2005a), OECD Territorial Reviews: Finland. OECD, Paris.

OECD (2005b), Economic Surveys: Korea, OECD, Paris.

OECD (2005c), Economic Surveys: Mexico, OECD, Paris.

OECD (2005d), Economic Surveys: The Netherlands, OECD, Paris.

OECD (2005e), Economic Surveys: United Kingdom, OECD, Paris.

OECD (2005f), Reviews of National Policies for Education: University Education in Denmark, OECD, Paris.

OECD (2006a), "The Contributions of Higher Education Institutions to Regional Development: Issues and Policies", GOV/TDPC(2006)22, OECD, Paris.

OECD (2006b), Economic Surveys: Australia, OECD, Paris.

OECD (2006c) Economic Survey of Brazil, OECD, Paris.

OECD, (2006d), Economic Surveys: Canada, OECD, Paris.

OECD, (2006e), Economic Surveys: Denmark, OECD, Paris.

OECD (2006f), Economic Surveys: Finland, OECD, Paris.

OECD (2006g), Building a Competitive City-Region: The Case of Newcastle in the North East, OECD, Paris.

OECD (2006h), Skills Upgrading. New Policy Perspectives, OECD, Paris.

OECD (2006i), Measuring the Effects of Education on Health and Civic Engagement (Proceedings of the Copenhagen Symposium), OECD, Paris, available in www. oecd. org/edu/socialoutcomes/symposium.

OECD (2006j), Main Science and Technology Indicators, OECD, Paris.

OECD (2007a), Supporting the Contribution of Higher Education Institutions to Regional Development, project website, www. oecd. org/edu/higher/ regionaldevelopment.

OECD (2007b), Economic Surveys: Sweden, OECD, Paris.

OECD (2007c), Economic Surveys: Spain, OECD, Paris.

OECD (2007d), Understanding the Social Outcomes of Learning, OECD, Paris, forthcoming.

OECD (2008), OECD Review of Tertiary Education. Final Report, OECD, Paris, forthcoming.

OPDM (Office for Deputy Prime Minister) (2004), Competitive European Cities, Where Do the Core Cities Stand? www. communities. gov. uk/pub/441/

CompetitiveEuropeanCitiesWhereDoTheCoreCitiesStandFullReportPDF444Kb_ id1127441. pdf.

Paytas, J., R. Gradeck and L. Andrews (2004), Universities and the Development of Industry Clusters. Paper for the Economic Development Administration, US·Department of Commerce, Centre for Economic Development, Carnegie Mellon University, Pittsburg, Pensylvania.

Peck, J. (1996), Workplace: The Social Regulation of Labor Markets, Guildford Press, New York and London.

Piore, M. J. and Sabel, C. F. (1984), The Second Industrial Divide. Possibilities for Prosperity, Free Press, New York.

Porter, M. E. (1990), The Competitive Advantage of Nations, MacMillan, Basingstoke.

Porter, M. E. (1998), "Location, Clusters and the New Economics of Competition", Business Economics, Vol. 33, No. 1, pp. 7 – 17.

Porter, M. E. (2003), "The Economic Performance of Regions", Regional Studies, Vol. 37, No. 6/7, pp. 549 – 578.

Rosenfeld, S. (1998) Technical Colleges, Technology Deployment and Regional Development, draft stock-taking paper prepared for the OECD, Regional Technology Strategies Inc, Chapel Hill, North Carolina.

Rothwell, R. and W. Zegveld (1982), Innovation and the Small and Medium-Sized Firm. Frances Pinter, London.

Scott, A. and M. Storper (2002), "Regions, Globalization and Development", Regional Studies, Vol. 37, pp. 579 – 593.

Simmie J., J. Sennett, P. Wood and D. Hart (2002), "Innovation in Europe, a Tale of Networks, Knowledge and Trade in Five Cities", Regional Studies, Vol. 36, pp. 47 – 64.

Smith, T and C. Whitchurch (2002), "The Future of the Tripartitite Mission: Re-Examining the Relationship Linking Universities, Medical Schools and Health Systems", Higher Education Management and Policy, Vol. 14, No. 2, OECD, Paris.

The Finnish Higher Education Evaluation Council (2006), The Finnish Higher Education Evaluation Council website, www. kka. fi/english, accessed 3 January 2006.

Vestergaard, J. (2006), "HEIs and Their Regions – an Innovation System Perspective", paper presented to OECD/IMHE Project Task Group, 10 April 2006, Paris.

Wittrock, B. (1993), "The Modern University: the Three Transformations", in S. Rothblatt and B. Wittrock (eds.), The European and American University Since 1800. Historical and Sociological Essays, Cambridge University Press, Cambridge, pp. 303 – 362.

World Bank Group (2002), Constructing Knowledge Societies: New Challenges for Tertiary Education, http://www1. worldbank. org/education/tertiary/cks. asp.

Young, S. and R. Brown (2002), "Globalisation and the Knowledge Economy", in N. Hood, J. Peat, E. Peters and S. Young (eds.), Scotland in a Global Economy: The 20: 20 Vision, Palgrave Macmillan, Hampshire.

译 后 记

　　本书的主旨是推动高校实现"立足本地、制胜全球"。高校有能力也有责任为所在地区的可持续发展做出更大、更直接的贡献。这正是我们这个翻译项目的初衷，即呼吁高校和社会对高校与区域的互动发展给予战略上的高度重视。

　　高校与区域的互动发展体现了高校人才培养、科学研究与社会服务、文化传承、创新思想四项职能相辅相成的建设性整合。高校为所在区域做出贡献的责任与高校追求学术卓越的宗旨是并行不悖、相得益彰的。21世纪的高校需要在从本市、本省到本国、本洲、世界多维的学术和社会空间上谋求广阔发展，与政府、产业形成多重合作网络，联结教育、学术、区域和社会，为个体和社会的终身学习提供机会，促进就业，传播知识，推动创新。

　　为了实现这一目标，本书考察了一系列有益的政策措施和机构改革。在综合了横跨12个国家14个地区的评估报告以及经合组织区域评估后，本书讨论了高等教育与区域互动发展的理念，讨论了这一理念与高校追求学术卓越目标的契合性，分析了这一理念的实现在教学、研究、区域性的社会服务三方面的表现、动力及阻力，进而探索了这一理念对于高校治理以及区域和国家治理的意义，并提出了系统的政策建议。

　　我国自2001年起实现的"东部高校对口支援西部高校计划"正是高校与区域的互动发展、高校为区域发展做出可持续贡献的典型案例。这个计划的实施过程中积极参考了本书这类国际学术界的研究成果。另一方面，我国在高校与区域互动发展的创新举措和成功经验也有必要积极向世界推广。

　　本书是教育部哲学社会科学研究重大课题攻关项目《中国高教资源的区域分布特点和协调发展对策研究》的一个子项目。本书翻译团队的核心成员也是课题组的核心成员。知己知彼、相互学习和借鉴也正是本书翻译团队的一个目标。

　　本书的翻译凝聚了清华大学教育研究院七位师生的集体智慧和心血。在史静寰教授的指导下，钟周老师负责协调全书翻译，冯李鉴承担一至四章翻译，隋礼娜、刘帆及赵琳老师承担五至九章及附录翻译，戴瑜铭承担全书一校，隋礼娜和黄静承担全书二校。在此，我们对翻译团队的成员表示衷心的感谢，也对大力支持本书出版的教育科学出版社表示诚挚的敬意。

译　者

2012 年 12 月

出 版 人　所广一
责任编辑　刘明堂
版式设计　贾艳凤
责任校对　贾静芳
责任印制　曲凤玲

图书在版编目（CIP）数据

高等教育与区域：立足本地　制胜全球／经济合作
与发展组织编；清华大学教育研究院译. —北京：教
育科学出版社，2012.12
　　书名原文：Higher Education and Regions：
Globally Competitive，Locally Engaged
　　ISBN 978 - 7 - 5041 - 5613 - 6

　　Ⅰ．①高…　Ⅱ．①经…　②清…　Ⅲ．①高等教育—研
究—世界　Ⅳ．①G649.1

中国版本图书馆 CIP 数据核字（2012）第 004145 号

北京市版权局著作权合同登记 图字：01 - 2009 - 6742 号

高等教育与区域：立足本地　制胜全球
GAODENG JIAOYU YU QUYU：LIZU BENDI　ZHISHENG QUANQIU

出版发行	教育科学出版社			
社　　址	北京·朝阳区安慧北里安园甲 9 号	市场部电话	010 - 64989009
邮　　编	100101	编辑部电话	010 - 64989419
传　　真	010 - 64891796	网　　址	http://www.esph.com.cn
经　　销	各地新华书店		
制　　作	北京金奥都图文制作中心		
印　　刷	保定市中画美凯印刷有限公司		
开　　本	169 毫米×239 毫米　16 开	版　　次	2012 年 12 月第 1 版
印　　张	14.25	印　　次	2012 年 12 月第 1 次印刷
字　　数	203 千	定　　价	35.00 元

如有印装质量问题，请到所购图书销售部门联系调换。

Original English Title:

Higher Education and Regions: Globally Competitive, Locally Engaged

Original French Title:

Enseignement Supérieur et régions: Concurrence mondiale, engagement local

© 2007 Organization for Economic Co-operation and Development (OECD), Paris

© 2012 Educational Science Publishing House for this Chinese edition.

Published by arrangement with the OECD, Paris

The quality of the Chinese translation and its coherence with the original text is the responsibility of Educational Science Publishing House

本书简体中文版由经济合作与发展组织授权教育科学出版社独家翻译出版。未经教育科学出版社书面许可，不得以任何方式复制或抄袭本书内容。